Elfed: Cawr Ar Goesau Byr

ELFED LEWYS

Mae'r pethe yn dawel yng Nghymru yn awr,
Mae tafod y glêr wedi'i thorri i lawr,
Mae'r lle'n diasbedain ei ganu yn iach
A'r Strade yn fud heb ei Sosban Fach.

Dim bloedd yn ein protest, dim miri'n ein gŵyl.
Wrth godi yr emyn, does ynom ddim hwyl,
Dim dyblu y gytgan nac anthem na thân
Am mai'r lleiaf ei gorff oedd y mwyaf ei gân.

Ei wallt yn ei ddannedd, rhyw flew ar ei ên,
Ei sbectol yn drwchus a'i wasgod yn hen,
Ond wrth iddo sgwario a'i hagor hi mâs
Roedd ysbryd y gân yn ei ddau lygad glas.

Myrddin ap Dafydd

Elfed
Cawr ar Goesau Byr

Atgofion am Elfed Lewys

Golygydd: Ioan Roberts

y Lolfa

Argraffiad cyntaf: 2000
Hawlfraint Ioan Roberts a'r Lolfa Cyf., 2000

*Mae'n anghyfreithlon i atgynhyrchu unrhyw rannau o destun y llyfr
hwn heb gytundeb ysgrifenedig y cyhoeddwyr ymlaen llaw.*

Llun y clawr blaen: Keith Morris

Diolch i Tegwyn Roberts, Keith Morris, teulu a ffrindiau Elfed
am gael defnyddio'u lluniau.

Rhif Llyfr Rhyngwladol: 0 86243 527 7

Argraffwyd a chyhoeddwyd yng Nghymru
gan Y Lolfa Cyf., Talybont, Ceredigion SY24 5AP
e-bost ylolfa@ylolfa.com
y we www.ylolfa.com
ffôn (01970) 832 304
ffacs 832 782
isdn 832 813

Cyflwyniad

Un noson braf tua chanol y chwedegau roeddwn i yn nhafarn yr Hand
and Diamond, ar ochr Sir Drefaldwyn i Glawdd Offa, yng nghwmni
cydweithiwr oedd yn byw yn Montford Bridge ger Amwythig. Pwy ddaeth
i mewn ond criw o fechgyn Aelwyd Penllys, yn syth o'r cynhaea' gwair.
Yn eu plith roedd Elfed, yn chwys diferol, ei wallt fel pe bai newydd gael
ei lusgo trwy'r combein. Daeth yn syth atom i gael ei gyflwyno i Colin a
dechreuodd y ddau sgwrsio fel hen ffrindiau.

Wrth i'r sgwrs droi at amaethyddiaeth bu raid i Elfed gyfadde' nad
oedd o ddim yn ffarmwr go iawn. Gofynnais i Colin ddyfalu beth oedd ei
waith. Tincer, teiliwr, gyrrwr, labrwr… aeth trwy'r galwedigaethau i gyd
cyn i mi orfod datgelu'r gwirionedd.

"*He's a minister of religion.*"

"*Yes, yes*," meddai Colin. "*He *** looks like one and all!*"
Roedd chwerthiniad Elfed yn dechrau'n ddistaw ac yn tyfu'n ddaeargryn,
wrth i Colin sylweddoli yn gyntaf ei fod wedi rhegi o flaen gweinidog, ac
yn ail bod y gweinidog wrth ei fodd.

Welodd y ddau ddim llawer ar ei gilydd ar ôl y noson honno. Ond pan
ddaeth y newydd yn Chwefror 1999 fod Elfed wedi marw fe gafodd y
golled a siglodd sawl ardal yng Nghymru ei theimlo ar un aelwyd ym
Montford Bridge.

O'r holl ryfeddodau ynglŷn ag Elfed, y ffaith ei fod mor annhebyg i
weinidog oedd y cyntaf i daro rhywun: y duedd y soniwyd amdani yn ei
angladd ei hun, o wisgo crys coch mewn angladd. I rai dyna hefyd oedd yr
apêl. "Roedd e'n debycach i 'ffeirad Gwyddelig nag i bregethwr Cymraeg,"

meddai'r actor Dafydd Hywel. "Mae'n siŵr bod pethe cryf gydag e yng nghefen ei feddwl ond doedd e byth yn dangos hynny." "Y peth o'n i'n hoffi am Elfed," meddai'r arlunydd Aneurin Jones, "oedd na wnaeth e erioed drio'n achub i!"

Mae amryw o'r farn mai gweindiog oedd Elfed o flaen popeth, a rhai eraill yn credu y byddai wedi bod yn hapusach ei fyd heb hualau'r swydd. Fydd y llyfr hwn ddim yn ceisio ateb cwestiynau felly. Dweud stori yw fy mwriad nid dadansoddi a labelu. Yng ngeiriau Huw George o ardal Tyddewi, "Elfed oedd e. Elfed oedd Elfed."

Rhyfeddod arall yw bod cymaint o bobl yn cofio'i gyfarfod am y tro cyntaf, a bod y cyfeillgarwch wedyn yn parhau. Newydd symud i Sir Drefaldwyn yr oeddwn i, yn gyw-peiriannydd yn y Cyngor Sir, ac yn cerdded trwy Lanfyllin un pnawn ar ryw berwyl yn ymwneud â gwaith. Dyma floedd o ffenest Hillman Minx oedd wedi ei barcio ar draws y ffordd, a drws y teithiwr yn agor.

"Shwd wyt ti? Dere mewn i gael sgwrs."

Roeddwn i'n gwybod pwy oedd o, ond doedden ni erioed wedi torri gair. Heb fawr o ragymadrodd cydiodd mewn gitâr oddi ar y sêt ôl.

"Beth wyt ti'n feddwl o hon?" meddai, a dechrau morio:

In Mountjoy Jail one Monday morning
High upon the gallows tree
Kevin Barry lost his young life
For the cause of liberty…

Fel pob baled Wyddelig, mae gan 'Kevin Barry' lu o benillion. Fe'u rhuodd i gyd, fel pe bai mewn pafiliwn steddfod, a finnau'n gobeithio nad oedd trethdalwyr Llanfyllin yn sylweddoli bod y gynulleidfa o un i fod wrth ei waith. O'r diwrnod hwnnw roedd gen innau ffrind am oes.

Ribidirês o straeon yn fflachio trwy'r cof i droi hiraeth yn chwerthin – dyna brofiad sawl un yn y dyddiau a'r wythnosau ar ôl ei golli. A'r ebychiad ar ddiwedd sawl stori, "Pwy ond Elfed!"

Pwy arall fuasai'n cyd-ganu 'Hen Wlad Fy Nhadau' efo'i gi, wrth giât mynwent, er mwyn cysuro dau o'r galarwyr ar ddiwedd angladd yn Llanfair Caereinion? Neu'n colli'i limpin yn lân wrth i garfan o gefnogwyr rygbi yng Nghlwb-y-bont, Pontypridd, ddechrau cymeradwyo fod Cymru'n colli, yn y gobaith y gallai hynny ddysgu gwers i'r Undeb Rygbi. "Gwrandwch!" meddai'r llais utgorn, "Nid y WRU sy'n ware fan hyn heddi ond *Cymru*. Rhag eich cywilydd chi!" A pha weinidog arall fuasai'n hymian 'Llwyn Onn' yn gyfeiliant i ymdrech Lyn Ebenezer i ganu darn o gerdd dant hynod anysgrythyrol mewn bar yng Nghernyw yn ystod gŵyl werin? Pwy ond Elfed.

Rhyw atgofion fel yna sydd yn fy nghasgliad i. Daeth yn amlwg yn y sgwrsio ar ôl ei farw bod gan gannoedd o'i ffrindiau stôr o rai tebyg. Syniad Helen Davies, Blaenffos, oedd bod angen casglu rhai o'r straeon mewn llyfr cyn iddyn nhw fynd ar chwâl, ac mai fi ddylai fynd ati. Mi wnes ryw hanner addewid, a gadael i bethau dawelu. Ond gyda phenderfyniad teilwng o Elfed, fe atgoffodd Helen fi dro ar ôl tro, nes imi gynnig y syniad i Robat Gruffudd y Lolfa yn ystod trip diwylliannol i Ddulyn. Wedi hynny doedd dim troi'n ôl.

Mae'r hanesion, hyd y gellir, yn cael eu hadrodd yng ngeiriau'r rhai sy'n eu cofio. Mi recordiwyd y rhan fwyaf o'r sgyrsiau ar dâp, a'u dethol a'u tocio i osgoi gormod o ailddweud. Yn null Elfed, bu raid i minnau droi'n dipyn o drempyn a chael yr un croeso ag yntau ar sawl aelwyd. Roedd yn bleser cael ailymweld ag ardaloedd cyfarwydd a dechrau adnabod rhai newydd. Diolch o galon i bawb o'r teulu a ffrindiau fu mor barod i helpu, ac ymddiheuriadau i'r rhai na chafwyd cyfle i'w holi. Detholiad yn unig sydd yma; roedd yn rhaid cau pen y mwdwl mewn pryd i gael y llyfr allan erbyn Eisteddfod Llanelli, oedd yn golygu cymaint i Elfed.

Bu tipyn o bendroni cyn penderfynu sut i roi patrwm ar fywyd creadur mor grwydrol ac amlochrog. Yn y diwedd fe geisiwyd cadw'n fras at drefn amser a lle, sy'n mynd â ni trwy'r Rhondda, Crymych, Cefneithin, Bangor,

Llanfyllin, Tyddewi, Ffostrasol a Llanelli, gydag ambell sbonc i lefydd fel Wrecsam, Risley a Bwlgaria. Y broblem oedd bod llawer o'i weithgareddau'n pontio sawl ardal a chyfnod a bu'n rhaid gwyro weithiau oddi wrth y patrwm.

Os oes yna un nodwedd yn gyffredin i'r atgofion am Elfed, y cyfuniad o gysondeb ac anghysondeb yw honno. Y gweinidog amhregethwrol. Yr unllygeidiog eangfrydig. Yr heddychwr gwyllt ei dymer. Y ddisgyblaeth yng nghanol anrhefn. Y bersonoliaeth fawr mewn ffrâm bum troedfedd a darn. Yng ngeiriau ei ffrind Ray Gravell, 'cawr ar goesau byr'.

IOAN ROBERTS

Mai 2000

Cwîn Victoria a'r Rhondda

Bob hyn a hyn, tua diwedd y nawdegau, byddai ffenest bwthyn ym Mlaen-y-coed, plwyf Cynwyl Elfed, Sir Gaerfyrddin, yn cael ei hagor o'r tu allan, wyneb blewog yn llenwi'r gwagle a llais dwfn yn cyhoeddi wrth bawb yn y tŷ, "Mae'r ysbryd wedi dod yn ôl!"

Ond fyddai neb yn dychryn. Roedden nhw'n gwybod mai Elfed fyddai yno, yn ymweld â man geni ei hen ewythr. Roedd y Parchedig Ddoctor Howell Elvet Lewis, awdur *Cofia'n Gwlad, Benllywydd Tirion*, yn frawd i dad-cu Elfed Lewys, ac o ran pryd a gwedd mi fyddai'n ddigon hawdd camgymryd y naill am ysbryd y llall. Roedd gan y ddau lygaid gwan oedd yn gofyn am sbectol drwchus, a chnydau o flewiach digon anghyffredin yn tyfu ar eu hwynebau. Mae rhai pobl fu'n edrych ar bortreadau o Elfed y bardd yn gweld tebygrwydd hefyd o ran edrychiad ac osgo. Ond doedd Mr Bowskill, sy'n gofalu am fwthyn Y Gangell, lle ganwyd yr Elfed arall yn 1860, ddim yn cytuno. Yn ei farn o, roed Elfed yr Archdderwydd yn edrych yn llawer mwy chwyrn a difrifol nag Elfed y gor-nai.

Bwthyn unllawr, dwy ystafell oedd Y Gangell adeg geni Elfed yn 1860. Yn ddiweddarach fe godwyd tŷ deulawr yn sownd ynddo, ac i hwnnw y daeth Mr Bowskill a'i deulu i fyw o Bedford bedair blynedd yn ôl. Bu'n weithgar yn yr ymgyrch i ddiogelu'r Gangell yn ei gyflwr a'i safle gwreiddiol yn hytrach na'i symud i Sain Ffagan. Mae cadair a enillodd Elfed yn y Bermo yn 1888 yn dal yno, a gobaith Mr Bowskill yw ailddodrefnu'r bwthyn gyda chelfi o'r cyfnod hwnnw.

Doedd y teulu o Loegr ddim wedi byw yma'n hir pan ddaeth galwad ffôn gan weinidog o ardal Llanelli yn dweud ei fod yn awyddus i ymweld

Pedair cenhedlaeth, dau Elfed! Priodas y Parch. Morley a May Lewis yng Nghrymych, 1945.
Elfed yr emynydd yw'r ail o'r chwith yn y rhes gefn. Elfed ac Eifion yw'r ddau grwt yn y rhes flaen.

â man geni ei hen ewythr.

"Doeddwn i ddim yn siŵr beth i'w ddisgwyl," meddai Mr Bowskill, "ond pan ddaeth e allan o'r car gyda'i wallt hir a'i ddillad blêr, a rhedeg at y tŷ gyda ci wrth ei sodlau, mi gymrais ato fe'n syth. Doedd 'na ddim *airs and graces* o'i gwmpas. Ar ôl hynny, fe fyddai'n dod i'n gweld ni'n aml. Unwaith fe ddaeth â llond bws o bobol gydag e, ond fel arfer byddai'n dod wrth ei hunan ac yn galw arnon ni trwy'r ffenest. Bu'n canu inni allan yn yr ardd ac fe gawsom lawer o hwyl yn ei gwmni."

Wnawn ni ddim loetran yn hir gyda'r achau, ond roedd y teulu yn un diddorol dros ben. Howell Elvet Lewis oedd yr hynaf o ddeg o blant, chwe bachgen a phedair merch. Er mai Elfed, fel gweinidog, prifardd ac emynydd, a ddaeth yn fwyaf enwog yng Nghymru cafodd amryw o'r lleill hefyd yrfaoedd disglair. Bu Tom yn Athro Hebraeg ym Manceinion ac yn chwarae pêl-droed amatur i Manchester City. Cafodd gynnig mynd yn ganwr proffesiynol yn lle hynny, a bu'n brifathro Coleg Diwinyddol Aberhonddu am 39 o flynyddoedd.

Newyddiadurwr oedd brawd arall, Dan. Dechreuodd ei yrfa ar bapurau

yn Lerpwl cyn dod yn olygydd y *Glamorgan Free Press* ym Mhontypridd.
Y brawd a gafodd fwyaf o sylw oddi allan i Gymru oedd Lewis Holme Lewis,
un o benseiri a pheirianwyr sifil blaenllaw ei ddydd. Fel prif beiriannydd Dinas
Manceinion cynlluniodd gronfa ddŵr anferth, yr Hawes Water Dam, '*a structure
of unusual design which has been emulated throughout the world and stands to the
memory of a fine engineer and true Welshman,*' yn ôl un erthygl adeg ei farw.

Bydd Lewis yn cael ei gofio hefyd am un gamp na fuasai ei or-nai Elfed
yn rhy barod i'w harddel. Pan oedd yn beiriannydd yn Llundain cafodd
alwad i Balas Buckingham gan y Frenhines Victoria. Roedd yr hen wraig
yn mynd yn fusgrell a grisiau'r palas yn dechrau mynd yn drech. Y Cymro
ifanc o Flaenycoed gafodd y cyfrifoldeb o gynllunio'r lifft cyntaf erioed i
gael ei osod ym Mhalas Buckingham, 'er galluogi ei Mawrhydi i esgyn a
disgyn yn ôl ei dymuniad'. Ac yn ôl un adroddiad, 'Cafodd y prif
beiriannydd groeso brwd ganddi. Llwyddodd i dynnu amlinelliad ohono
ac ymhen ychydig amser roedd y peiriant yn ei le, a'r cynllunydd yno yn
cyflwyno'r cyfarwyddiadau i'r Frenhines.'

Teiliwr a arhosodd adref ym Mlaen-y-coed oedd John Lewis, yr agosaf
at Elfed o ran oedran. Heb fawr o hyfforddiant ffurfiol daeth yn gerddor o
fri, yn godwr canu, beirniad eisteddfodau lleol ac arweinydd côr. Byddai'n
cynnal dosbarthiadau sol-ffa yn ei gartref ac yn festri'r capel. Roedd hefyd
yn wladgarwr, ac yn ystod brwydr boeth rhwng Rhyddfrydwr â'r Tori yn
etholiad 1889 daeth â chôr at ei gilydd i groesawu'r ymgeisydd Rhyddfrydol
i Flaenycoed. Y geiriau a ganwyd oedd 'Dewrion feibion Gwalia, dewch
yn awr i'r gad, Mynnwn gael ein hawliau, mynnwn gael rhyddhad...'

John Lewis oedd yr unig un o'r brodyr a chwiorydd a fagodd blant yn
Gymraeg. Albanes oedd gwraig Elfed, a chodwyd y plant yn Saesneg pan
oedd yn weinidog yn Llundain. Saeson oedd gwragedd Lewis y peiriannydd
a Tom y prifathro, a Saesneg oedd iaith eu plant. Bu dau frawd arall farw'n
ifanc ac yn ddibriod. Roedd y merched i gyd yn ddi-blant.
Mae gan y teulu stori am rai o'u brodyr a'u teuluoedd Saesneg yn ymweld
â John a'i wraig Hannah ym Mlaen-y-coed. "Dere Hannah," meddai John,
"Waeth inni fynd i'r gwely nawr neu fe fyddwn ni gyd yn siŵr o droi'n Saeson".

Dyw hi'n fawr o syndod mai John a Hannah oedd rhieni'r Parchedig
O Morley Lewis, a thad-cu a mam-gu Elfed Lewys.

***

Pan anwyd mab cyntaf Morley ac Etta Lewis yn 1932 roedden nhw wedi bwriadu'i alw'n Elfed ar ôl ei hen ewythr. Ond pan grybwyllwyd hynny wrth 'Wncwl Elfed' fe gafwyd ateb digon swta. "Na, galwch e'n Eifion." Ac felly y bu. Ddwy flynedd yn ddiweddarach cyrhaeddodd yr ail fab, a'r tro hwnnw fu dim ymgynghori gyda'r prifardd. Dyna sut y cafodd Elfed Wyn Lewis ei enw. Flynyddoedd wedyn, pan gafodd ei dderbyn i'r Orsedd, newidiodd sillafiad ei gyfenw i Lewys.

Mae'r Parchedig Eifion Lewis, brawd Elfed, wedi ymddeol o'r weinidogaeth ac yn byw ym Mheniel ger Caerfyrddin:

Y teulu yn Y Rhondda, 1942. Y Parch. Morley ac Etta Lewis, Eifion ac Elfed.

Mae gen i gof bach am dad-cu, John Lewis, er iddo farw pan oeddwn i'n bedair oed. Bu mam-gu fyw flynyddoedd ar ei ôl. Roedd hi'n dipyn o gymeriad. Roedd hi'n cofio'r hen faledwyr ac rwy'n credu mai yno y dechreuodd diddordeb Elfed yn y maes hwnnw.

Aeth 'nhad i ffwrdd i Ddowlais i weithio i'r gwaith haearn. Roedd e wedi bwriadu mynd yn beiriannydd. Yn Nowlais y cafodd fy mam ei magu, ond roedd ei mam hi wedyn o Rydlewis yng Ngheredigion. Roedd fy nhad-cu ar ochor mam wedi marw cyn bod 'nhad a mam yn priodi ond un o Bontsticill, Sir Frycheiniog oedd e. Daeth mam yn organyddes ym Methania, Dowlais – athrawes oedd hi – ac yno cwrddodd 'nhad a mam. Yno dechreuodd 'nhad bregethu. Aeth i'r coleg a chael ei ordeinio'n weinidog yn 1928 ym Modringallt, Rhondda. Fe briodon nhw yn 1930 ac yno y buon nhw tan 1942.

Roedd Elfed yn blentyn gwanllyd iawn, ga'th e niwmonia pan oedd e'n fabi. Ar wahân i un ferch, ni oedd yr unig blant yn yr ardal yn siarad Cymraeg, ac unwaith roedden ni mas ar y stryd Saesneg oedd ein iaith ninnau. 'Our Elf' oedd Elfed a 'Our Eif' oeddwn i. Roedd e'n para i 'ngalw fi'n Eif hyd y diwedd.

Roedd mynydd Penrhys tu ôl i'r cartre ac yno bydden ni'n chware. Roedd dau frawd yn byw drws nesa, Dai a John, 'run oedran ag Elfed a fi. Roedden nhw'n deulu tlawd iawn ac fe fydde John yn aml yn mynd obeutu'r lle heb drowser heb sôn am esgidie. Dyddiau rhyfel oedd hi ac roedd y faciwîs yn dod i'r ardal. Rwy'n cofio cwato yn y cwtsh dan stâr pan oedd y seiren yn mynd gyda'r nos. Fe ddisgynnodd un bom reit ochor draw i ni. Dro arall fe gafodd deg ar hugain o bobol eu lladd yng Ngwmparc, roedden nhw'n meddwl bod golau wedi dod mas o'r gwaith glo ac wedi denu'r bom. Fe gafodd rhes o dai eu difrodi. Roedd 'nhad yn digwydd bod mas fel warden y noswaith honno.

Ysgol hollol Saesneg oedd Ysgol Bodringallt bryd hynny ond erbyn heddi mae'n ysgol Gymraeg. Mae'r capel oedd reit gyferbyn â'r ysgol wedi mynd. Rwy'n cofio Elfed a finnau a rhai o'r teulu'n mynd draw ar ôl clywed eu bod nhw'n tynnu'r capel i lawr, i weld os gallen ni brynu rhywbeth er cof. Ond roedden nhw wedi chwalu popeth cyn inni gyrraedd ac wedi allforio'r coed a'r cadeiriau a phopeth i America. Ond yr hyn oedd yn galonogol oedd gweld plant Bodringallt yn mynd gartre o'r ysgol ac yn siarad Cymraeg ar yr hewl. Doedden ni erioed wedi gweld peth fel'na pan oedden ni'n blant.

Roedd y ddau ohonon ni'n cael gwersi piano gyda dyn o'r enw Morgans, hen lanc o Dreorci. Ond tra bydde fe a 'nhad yn siarad bydde Morgans yn anghofio bod gwers i fod ac fe fydde Elfed a finne'n dianc i fyny'r mynydd.

Yn y gyfres deledu *Iechyd Da* yn y blynyddoedd dwetha roedd Elfed yn chwarae rhan rhyw gymeriad od o'r Rhondda yn mynd

obeutu'r lle gydag asyn. Wrth ei wylio fe roeddwn i'n cofio am y
tro cynta rioed imi weld Elfed ar lwyfan. Roedd cyngerdd gyda ni
yng Nghapel Bodringallt. Y syniad oedd bod y plant i gyd yn
mynd i'r ffair, a rhyw dair llinell oedd gyda phob un i'w dweud.
Roedd Elfed yn mynd i'r ffair i brynu asyn. Dyna lle roedd e'n
llusgo'r asyn pren 'ma ar draws y llwyfan. Yr unig beth oedd gydag
e i'w ddweud oedd 'Hi-ho hi-ho'. Ond fe gwmpodd yr asyn oddi
ar yr olwynion ar ganol y llwyfan. A dyna lle fuodd Elfed yn
straffaglu gyda'r hen asyn ac yn dal i weiddi 'Hi-ho hi-ho hi-ho' yn
ddiddiwedd nes i rywun fynd yno a'i dynnu fe i ffwrdd o'r llwyfan.
Rhyw ddwy neu dair oed oedd e, ac fe ddaeth y cyfan yn ôl wrth
ei wylio fe gyda'r asyn ar *Iechyd Da*.

Roedd Elfed yn falch o'i wreiddiau yn y Rhondda ac yn aml
iawn yn sôn am y lle. Ond saith mlwydd oed oedd e'n gadael a
doedd e ddim yn cofio llawer am y cyfnod hwnnw. Ond yr hyn
fyddai'n digwydd oedd bod Elfed yn mabwysiadu iddo'i hunan rai
o'r pethau oedd wedi digwydd i'w frawd. "Wyt ti'n cofio'r swing
'ma yn fy mwrw i yn fy ngheg?" medde fe. "Nagdw," wedes i,
"ond rwy'n ei gofio fe'n digwydd i mi!"

Tua'r Gorllewin

Yn 1942, pan oedd Eifion yn naw oed ac Elfed yn saith, fe symudodd y teulu i ardal y Preseli yn Sir Benfro. Roedd eu tad wedi cael galwad i fod yn weinidog ar eglwysi Antioch yng Nghrymych a Phen-y-groes gerllaw. Mae Myfanwy Phillips yn eu cofio nhw'n cyrraedd:

> Rwy'n cofio ni'n rhoi cwrdd croeso iddyn nhw a the parti yn Antioch. Roedd y faciwis hefyd yn cyrraedd yr ardal bryd hynny. A roedd fy ffrind Jennie a finne yn gweld y crwt bach drwg ryfedda 'ma yn rhedeg dros y cerrig beddau. Roedden ni'n meddwl mai un o'r faciwis oedd e a dyma ni'n dweud wrtho fe am fihafo. Ond Elfed oedd e, mab y gweinidog newy'. A'r ateb gawson ni ganddo fe oedd "Meindiwch eich busnes eich hunain!"

Roedd y symud o stryd yng nghwm diwydiannol prysuraf Cymru i dŷ o'r enw Crosslands yng nghefn gwlad Sir Benfro yn dipyn o ysgytiad. "Doedd dim trydan gyda ni," medd Eifion. "Dim dŵr yn y tŷ, dim bysus fel oedd gyda ni yn y Rhondda. Roedd milltir i gerdded i'r siop agosa. Roedden ni'n cyrraedd ym mis Ionawr pan oedd hi'n bwrw eira, ac Elfed a finne'n cerdded obeutu'r llofft gyda lampau olew."

Flwyddyn ar ôl cyrraedd y cartre newydd cafodd Elfed ei daro gan broblem iechyd oedd i'w boeni weddill ei fywyd. Clefyd sy'n effeithio ar fêr yr esgyrn yw osteomyelitis. Bu cloffni achlysurol a chwyno am gyflwr ei goes yn destun tipyn o *dynnu* coes trwy'r blynyddoedd ymhlith ei ffrindiau. Ychydig oedd yn sylweddoli'r boen y bu raid iddo'i ddioddef, a'r pryder a achoswyd i'r teulu gan yr afiechyd yn 1943. Ond mae Eifion yn cofio'n dda:

Fe ddwedon nhw yn Ysbyty Aberteifi eu bod nhw'n meddwl ei
bod hi'n rhy hwyr i achub ei goes. Rocdd c'n methu cerdded na
rhoi unrhyw bwysau arni am dros flwyddyn ac roedden ni'n gorfod
mynd ag e mewn hen *push-chair* i bobman. Ond wedyn fe ddaeth
teligram yn dweud bod e i fynd i Ysbyty'r Prince of Wales yng
Nghaerdydd i gael triniaeth gyda'r meddyg Rocyn Jones. Roedd
teulu gyda hwnnw yn aelodau yng nghapel Wncwl Elfed yn King's
Cross, Llundain. Fe fu Elfed yn yr ysbyty am dair wythnos ar ddeg.
Fe ddaeth e wedyn i allu cerdded ond roedd e'n dal i gael trafferth
gyda'i goes tan y diwedd.

Ddwy flynedd wedyn daeth ergyd drymach fyth pan fu farw'i fam, Mrs
Etta Lewis.Roedd pobol yn barnu mai gofid am Elfed oedd wedi'i gwneud
hi'n wael," meddai Eifion:

Roedd doctoriaid wedi gwneud diagnosis anghywir, ond fe gafodd
hi driniaeth yng Ngorseinon ac wedyn fe fu hi gartre am rai
wythnosau cyn mynd lan i Ysbyty Llangwyfan ger Dinbych, ac yno
y buodd hi farw yn 1945. 'Tubercular peritonitis' oedd ar y
dystysgrif. Roedd hi'n rhy wan i wrthsefyll unrhyw driniaeth.
  Bu eu mam-gu'n helpu i ofalu am y brodyr am gyfnod. Ac yna
fe ailbriododd eu tad gyda May Davies, organyddes capel Antioch.
Heddiw mae Mrs May Lewis yn cofio Elfed fel 'crwtyn annwyl
iawn, direidus iawn, yn llawn bywyd. Er bod ei goes e'n ei boeni
fe roedd gydag e ddiddordeb ym mhopeth, gan gynnwys
chwaraeon. Roedd e wrth ei fodd yn mynd i'r Aelwyd yng
Nghrymych, ac yn ddiweddarach roedd e'n hala'i wyliau haf bron i
gyd yn Llangrannog a Glan-llyn.

Un o'u cyfoedion yn ysgol gynradd Eglwys Wen oedd Eilir Rees, a'r
direidi mae yntau'n ei gofio:

Roedd hi wedi mynd yn ffrwgwd rhwng Elfed ac un o'r merched
wrth ddod adre o'r ysgol. A'r ferch 'ma'n bygwth ar hyd y ffordd adre

y bydda hi'n mynd i'r tŷ i siarad â thad Elfed. "Cer di 'te," medde Elfed. Ond pan ddaethon ni i ben y ffordd dyma'r ferch yn mynd lan am gartre Elfed yn lle at ei chartre'i hunan. Elfed yn dechrau panico nawr ac yn rhedeg ar ei hôl hi. Pan ddaeth hi at iet tŷ Elfed yn benderfynol o weld ei dad, fe alwodd Elfed arni, "Mae'r concrit 'na'n wlyb! Newydd gael ei wneud mae e." Dyma hi'n mynd 'mlaen heibio'r fynedfa ac i mewn i fuarth bach ac yn ôl trwy iet arall. Erbyn hynny roedd Elfed wedi mynd dros y concrit oedd i fod yn wlyb ac wedi cael gafael ar frwsh wrth ddrws y tŷ, a mynd mas i gwrdd â hi â'r brwsh yn ei law, a'i hala hi gartre. Ddaeth Morley byth i wybod am y peth, ac roedd y concrit wedi sychu ers o leia' chwe mis.

Roedd Wil Morris, ddaeth yn adnabyddus yng nghylchoedd yr Urdd fel Wil Bach o Aelwyd Crosswell, wedi ei eni yr un diwrnod ag Elfed, a'r ddau ohonyn nhw'n gystadleuwyr brwd yn ogystal â ffrindiau:

Roedd y gemau ffwtbol a chriced rhwng Aelwyd Crymych ac AelwydCrosswell bob amser yn *needle matches*. Elfed oedd y *wicket keeper*, a'r *umpire* oedd y prifathro lleol W D Williams. Roedd Elfed yn aros yn agos iawn at y wiced o hyd. Pan fydde rhywun o Crosswell yn bwrw'r bêl a rhedeg, a rhywun yn taflu'r bêl nôl i Elfed, byddai Elfed yn rhoi pwt bach i'r bails i ffwrdd cyn bod y bêl wedi cyrraedd ei ddwylo fe. Roedd ennill yn bwysig − trwy degwch y rhan amla' − ond ddim bob amser. Ond yn y diwedd fe welodd W D fe. "Drycha 'ma Elfed," medde fe, "ti ddim yn cael bwrw'r bails lawr cyn bod y bêl yn dy gyrraedd di!"

Roedd Joyce Williams yn byw ar fferm, bywyd oedd erbyn hyn yn apelio'n fawr at y brodyr o'r Rhondda:

Bydde Elfed a'r teulu i gyd yn dod draw i helpu yn y gwair. A'r noswaith honno roedd Elfed i fod i gael gwersi piano. Doedd dim posib ei gael e i fynd am ei wers. Roedd ei dad yn addo pob math o bethe iddo fe. Doedd e ddim yn moyn gadael y gwair.

Byddai Peter John, ddaeth yn ffrind mawr i Elfed am weddill ei oes, yn ymweld yn gyson â Crosslands:

Rwy'n cofio cael beic ail-law pan o'n i'n ddeuddeg oed a mynd draw arno fe i weld mam-gu a dad-cu. A roedd rhaid galw yn Crosslands. Mas wedyn i'r parc i ware ffwtbol. A dwi'n bendant y bydde Eifion wedi gwneud chwaraewr socer proffesiynol heb ei ail. Ond roedd Elfed, oedd ddim yn chwaraewr cystal oherwydd ei goes, yn cicio'r diawl mas o'i frawd. Ac roedd hi'n gymaint ag a allai eu tad wneud i gadw rheolaeth. A gyda phob parch i'r ymadawedig, mae'n rhaid cyfadde os nad oedd Elfed yn cael bod yn fòs, fydde pethau ddim yn dda!

Yn 1946 daeth yn amser i Elfed ddilyn Eifion i Ysgol Uwchradd Aberteifi. Mae ei lysfam, Mrs May Lewis yn cofio amdano'n cael ei adroddiad cyntaf: "Roedd e'n araf iawn yn ei dangos hi i'w dad!" Roedd gwahaniaeth arferion y ddau frawd yn dod i'r amlwg bryd hynny:

Byddai eu tad yn mynd â nhw rywfaint o'r ffordd i ddala'r bws i fynd i'r ysgol. Roedd Eifion â phopeth yn barod, y bag wedi'i bacio a'r sgidie'n lân, yn eistedd yn y car yn aros. Ond roedd hi'n drafferth i gael Elfed i ddod, heb laso'i sgidie, ac roedd e'n cwpla gwisgo yn y car ar y ffordd.

Roedd eu cyfoedion, fel Myfanwy Phillips, hefyd yn gweld y gwahaniaeth:

Roedd 'na griw yn mynd ar eu beics i Drefdraeth ar ddydd Gŵyl Banc ym mis Awst. Elfed wedi penderfynu gwisgo *curtain ring* lliw aur fel modrwy ar ei fys. Ac Eifion yn dweud wrtho fe, "Smo ti'n dod â honna gyda ti." "Ydw ddim," medde Elfed. "Ond sdim isie iti ddweud wrth neb 'mod i'n perthyn i ti!"

"Roeddwn i'n fwy swil na Elfed," medd Eifion:

Os oeddwn i eisiau rhywbeth, gofyn i Elfed ofyn roeddwn i bob amser. Ac os o'n i'n gwneud unrhyw beth o'i le Elfed fyddai'n cael y bai. Roedd e'n dannod hynny imi tan y diwedd. Dwi'n cofio cwympo i'r afon yn Bryn Berian amser cymanfa. Neges yn dod at 'nhad bod un o'r bois wedi cwympo i'r afon. "Elfed 'to!" medde fe. Ond fe ga'dd sioc pan welodd mai fi oedd yn gorfod mynd gartre i newid fy nillad. Roedd Elfed yn dweud yn aml ei fod e'n cario lot o'r bai am y pethe ro'n i wedi'u gwneud.

Oherwydd problem cludiant roedd yn arfer i'r plant o Sir Benfro aros drwy'r wythnos yn nhre Aberteifi, a'r llety a ddewiswyd i Eifion ac Elfed oedd tŷ o'r enw Trenova. "Lle diddorol a dweud y lleia," medd Eifion:

Roedd trydan ar y llawr gwaelod ond canhwylle lan llofft, a padell a jwg i molchi yn y bore. Ac fe gawson ni'r gaea' ofnadwy 'na yn '47. Roedd y dŵr wedi rhewi yn y jwg 'ma bob bore. Ac wedyn daeth yr eira mawr. Ar ôl deall ar y nos Wener bod y trenau ddim yn mynd, fe arhoson ni tan y dydd Sadwrn a cherdded gartre wedyn trwy'r caeau a thros ben cloddiau. Roedd y lluwchfeydd mor uchel, doedd dim posib gweld yr un darn o hewl yn unlle. Saith ceiniog oedd gyda ni rhwng tri ohonon ni – Eilir, Elfed a finne. Fe brynon ni dorth, a thair bynsen a defnyddio cyllell boced i rannu'r dorth.

"Fe gymrodd bron ddiwrnod ar ei hyd inni fynd gartre," medd Eilir Rees. "Roedd Elfed yn cael trafferth gyda'i goes ond doedd e ddim tamed gwaeth ar wahân i ryw flinder ofnadw ar y tri ohonon ni."

***

Mewn angladd yng Nghrymych y gwelodd Wil Morris Elfed am y tro olaf: "Roedd e wedi cymryd rhan, ac wedi siarad yn gwbl arbennig. Tu fas i'r fynwent dyma fe'n dweud, 'Wil, fe fydd raid iti ddod gyda fi i rywle ymhen deufis.' 'Diawl, i le Elfed?' 'I moyn ein pensiwn,' medde fe. 'Ry'n ni'n ei gael e 'run diwrnod ac fe awn ni gyda'n gilydd.' Ond roedd Elfed druan wedi marw cyn cael y pensiwn..."

Er mai am ryw un mlynedd ar ddeg y bu'n byw yn ardal Crymych fe barhaodd y cysylltiad ar hyd ei oes. Ac yn yr un bedd â'i fam ym mynwent Pen-y-groes y claddwyd y crwt bach drwg ryfedda.

Bro Carwyn

Fel rhan o ddeuawd enwog Jac a Wil y bydd pobol yn arfer sôn am Jac Davies o Gefneithin. Ond pe bai camera neu feicroffon wedi cofnodi perfformiadau eraill ar ddiwedd y nawdegau gallai fod yn cael ei gofio fel rhan o driawd yr un mor rhyfeddol. Y lleoliad: car a welodd ddyddiau gwell. Y gân: 'Hen Wlad Fy Nhadau'. Y tenor: Jac Davies. Y baswr a'r gyrrwr: Elfed Lewys. Y soprano: Tes, gast cocker spaniel y clywir tipyn mwy o sôn amdani yn y penodau sy'n dilyn.

Gan Jac, cyn lowr heini dros ei bedwar ugain, y cafwyd hanes y teithiau cerddorol: "O'n i'n crwydro llawer gydag Elfed yn y car, a bydda'r ci gyda ni. 'Nawr te, Tes fach,' medde fe, 'dere inni gael ei tharo hi nawr, yr anthem genedlaethol!' A dyna lle bydde'r tri ohonon ni'n ei morio hi, Tes yn rhyw howlan 'Wwwwwwwwwww'. Roedd hi'n cadw rhyw fath o dôn yn eitha da!"

Roedd cyfeillgarwch Jac Davies ac Elfed yn mynd yn ôl i 1953 pan gafodd y Parchedig Morley Lewis alwad i fod yn weinidog y Tabernacl, Cefneithin. Roedd y teulu yn ôl mewn cwm glofaol, un Cymraeg ei iaith y tro hwn.

"Pan ddaeth e i'r ardal gynta roedd Elfed yn creu argraff ar bawb," medd Jac:

Roedd e shwd gymeriad, oedd e mor dwym galon, roedd pawb wedi cymryd ato fe. Roedden ni'n cael gwahoddiad yn aml i fynd i'w tŷ nhw i swper ac fe fydde'r teulu bach yn dod yma aton ni. Roedd côr ieuenctid gydag e, cwmni drama bach, roedd e'n morio canu yn y cwrdd, roedd e'n cymryd shwd ddiddordeb ym mhopeth. Welson ni golled fawr pan aeth e o'r pentre i'r coleg. Ond bob tro bydda fe'n dod nôl gartre bydde fe'n gofalu mynd i weld pawb a phob un. Ac roedd e wastad yn dweud cymaint oedd e wedi mwynhau byw yng Nghefneithin. Ta beth oedd ei olwg allanol e, beth oedd yn dod o'r galon oedd i gyfri.'

Hanner canllath o'r Mans, yn Heol yr Ysgol, roedd cartref arwr ddaeth yn un o'i ffrindiau agosaf, Carwyn James, oedd eisoes yn un o sêr Llanelli. Dyna pryd y newidiodd Elfed o ddilyn pêl-droed i rygbi, a bu'n obsesiwn am weddill ei oes.

"Convert oedd e, yn sicr," medd Dewi James, brawd Carwyn. "Socer oedd popeth pan oedd e yng Nghrymych, ond cyn bo hir roedd e'n ddigon gwybodus i fod yn un o ddewiswyr rygbi Cymru – ym marn Elfed! Ac yn y blynyddoedd dwetha fe oedd yr unig un oedd yn cael mynd â ci i weld gêm ar y Strade. Doedd dim cŵn i fod i gael mynd, ond allen nhw byth a stopo Elfed a'r ast fach."

Roedd Carwyn ac yntau'n ymddiddori yn y 'pethe', ac yn ddau genedlaetholwr yng nghadarnle'r Blaid Lafur, fel y cofia Dewi:

Roedd y ddau'n mynd obeutu'r lle gyda'i gilydd yn ystod y dydd, ac wedyn yn aros lawr yn siarad hyd oriau mân y bore. Fe ddwedwn i fod pethau mawr yn cael eu trafod, a doedd amser yn golygu dim byd i'r un o'r ddau.

Un noswaith, roedd Mam yn clywed sŵn obeutu hanner awr wedi dau y bore. Dyma hi lawr, ac roedd Carwyn yn eistedd yn ei gadair yn cysgu'n dawel. A'r ochor arall roedd Elfed yn edrych arno fe. Ac fe ofynnodd Mam:

Arwain criw yng Ngwersyll yr Urdd, Llangrannog yn y 50au.

"Elfed bach, beth y'ch chi'n wneud lawr yr amser hyn o'r nos?"
"Wel," medde Elfed, "Mae e wedi mynd i gysgu ac mae un
cwestiwn pwysig 'da fi i ofyn iddo fe. Mae'n rhaid i fi aros nes bod
e'n dihuno. Fe a 'i gartre wedyn."

Carwyn oedd ysgrifennydd Capel y Tabernacl ble'r oedd tad Elfed yn
weinidog, a bu'n gwneud y gwaith am flynyddoedd. Pan oedd yn
hyfforddi'r Llewod buddugoliaethus yn Seland Newydd yn 1971, daeth
galwad ffôn oddi yno i'r Mans yng Nghefneithin: roedd eisiau ymddiheuro
i'w weinidog ei fod wedi anghofio trefnu pregethwr ar gyfer un Sul.

Fe arhosodd Elfed yn yr ysgol yn Aberteifi am gyfnod ar ôl i'r teulu
symud i Gefneithin. Ac wedyn aeth i Ysgol y Gwendraeth i gwblhau ei
lefel A. Profiad gwerthfawr yn ôl ei frawd Eifion:

> Fe gafodd y Gwendraeth dipyn o ddylanwad ar Elfed. Roedd hi'n
> wahanol iawn yno i Aberteifi, ble'r oedd y prifathro yn graswr
> didrugaredd. Yn y Gwendraeth roedd e wedi cyrraedd y nefoedd!

Un o'i ffrindiau yn ei ysgol newydd, ac wedyn yn y Coleg ym Mangor,
oedd Hedley Gibbard:

> Roedd y nodweddion ecsentig i'w gweld yn amlwg iawn bryd
> hynny. Rwy'n cofio gwers hanes, gwers gynta'r dydd am naw o'r
> gloch, ac Elfed yn cyrraedd yn hwyr gyda thei yn un llaw a
> brechdan yn y llall.
> Adeg steddfod yr ysgol, trwy lwc, roedd Elfed a finnau yn yr un
> tîm, y tîm melyn. Rwy'n cofio ni'n cael practis côr ac Elfed yn
> cychwyn y côr melyn – gyda *pitchfork* wrth gwrs, fel y bydde fe ym
> mhob man, byth yn dibynnu ar biano na dim. Ac roedd hi'n
> arferiad bod athrawon yn canu gyda'r timoedd hefyd i helpu allan.
> Roedd 'na dri athro gyda ni, ac roedd un ohonyn nhw – fe alwn ni
> fe'n Mr Jones – ac roedd gydag e lais dychrynllyd! Roedd e'n iawn
> i weiddi ar gae ffwtbol ond yn anobeithiol mewn côr. 'Swing low
> sweet chariot' oedden ni'n ganu a cyn inni gyrraedd y gair 'chariot'

yn y llinell gynta dyma Elfed yn gweiddi "Stop! Mr Jones, mae angen eich help chi ar y parti cydadrodd yn y neuadd." Roedd yr athro druan allan ar ei ben heb ddim lol.

Felly bydde fe gyda'r steddfod yn yr ysgol ac wedyn yn y coleg. Roedd e'n anhrefnus mewn ffordd ac eto roedd e'n mynd trwy waith anhygoel. Cael rhyw bedwar i ganu mewn pedwarawd fan hyn, wyth arall i wneud parti wyth, criw arall eto i wneud côr, a'r ymarferion i gyd yn torri ar draws ei gilydd nes bod pethe'n mynd yn dipyn o siambls, ac eto i gyd roedd e'n llwyddo, a'r tîm melyn oedd yn ennill am y cyfnod buodd e yn Ysgol y Gwendraeth. Doedd e ddim yn derbyn unrhyw hyfforddiant cerddorol yn yr ysgol. Cymraeg a hanes oedd ei bynciau fe at y Lefel A. Ond roedd gyda fe'r diddordeb a'r ddawn arbennig i gael pobol i weithio gydag e.

Erbyn hyn roedd gan Elfed chwaer fach, Shân. Cafodd ei geni yng nghyfnod Sir Benfro pan oedd Elfed yn 14 oed, ond o ddyddiau Cefneithin y daw ei hatgofion amdano:

Roedd e'n hoff iawn o dynnu coes, yn bigitan fel y bydden ni'n dweud, yn ddiddiwedd. Yr unig ffordd i gael llonydd oedd gofyn cwestiwn o'r tablau iddo fe. "Elfed, beth yw naw wyth?" Doedd mathemateg ddim yn un o'i hoff bynciau fe, a byddai hynny'n cau ei geg e'n syth!

Mae Shân yn ei gofio'n dechrau canu darnau clasurol ar lwyfannau Cwm Gwendraeth:

Roedd steddfodau bach yn boblogaidd bryd hynny ac roedd un i gael ei chynnal yn festri'r Tabernacl. Fe benderfynodd Elfed ganu 'Y Dymestl'. Roedden ni fel teulu a phobol Cefen yn gwybod am ei lais e, ond roedd e'n edrych mor ifanc ac eiddil bryd hynny, roedd y wraig oedd yn beirniadu yn poeni na fydde fe byth yn gallu mynd trwy'r gân. Ond unwaith dechreuodd e fe foriodd trwyddi. Nid hi oedd y cynta' i gael ei syfrdanu bod llais mor fawr gan un mor fach o gorff.

Bala Bang

M ae'r balchder i'w glywed o hyd yn llais Mrs May Lewis: "Wrtho i," meddai, "y dwedodd e gynta' ei fod e wedi penderfynu mynd i'r weinidogaeth."

Wy'n cofio'r bore Sul hwnnw'n iawn. Roedd Shân yn fach a Morley ac Eifion wedi mynd i'w cyhoeddiadau. Roedd Elfed wedi bod yng nghapel Pen-y-groes yn y bore a ddaeth e 'nôl a wedodd e: "Maen nhw wedi bod yn sôn wrtho i os oedd 'want arna i fynd i'r weinidogaeth. Ac 'wy'n dweud nawr wrthoch chi, dyna beth

Criw Coleg Bala Bangor, 1956

wy'n mynd i wneud." Roedd e tuag un ar bymtheg oed. Ro'n i'n synnu damed bach, ond yn teimlo'n falch iawn o weld y ddau'n cymryd at yr un gwaith.

***

Wrth aros am drên yng ngorsaf Dyfi Junction y gwelodd R Alun Evans o gyntaf. Roedd criw ohonyn nhw ar eu ffordd i'w tymor cynta yng Ngholeg Bala Bangor.

Ro'n i'n dod o Lanbryn-mair a'r criw yma'n dod i fyny o'r De a chwrdd ar y platfform yn fan'ny. Ro'n i'n clywed y llais mawr 'ma ac yn chwilio am ryw glamp o foi, ond yn lle hynny, Elfed. Ac rwy'n cofio dod at dwnnel ar y ffordd i fewn i Fangor ac Elfed yn gorchymyn, nid gofyn, inni gau'r ffenestri rhag bod y mwg yn dod i fewn. Wrth gwrs, trên diesel oedd o a doedd 'na ddim mwg, er mawr ddifyrrwch i bawb.

Roedd ei frawd Eifion wedi mynd i'r un coleg o'i flaen ac yn dal yno pan oedd Elfed ar ei flwyddyn gynta. Am y flwyddyn honno bu'r ddau'n rhannu stafell. Yn ôl Hedley Gibbard, "Fe allai rhywun rannu'r stafell yn ei hanner gyda chyllell. Ochr Eifion fel petai neb erioed wedi byw ynddi. A'r ochor arall fel tase'r giwed ryfedda wedi byw yno."

Mae cyd-fyfyriwr arall, Elwyn Jones o'r Ponciau, yn cofio un anghytundeb difrifol rhwng y ddau frawd: "Yn y stafell gyffredin roedden ni, a thestun y ffrae oedd rheolau *shove ha'penny*. Roedd rheolau Ysgol Aberteifi'n wahanol i rai Ysgol y Gwendraeth, ac roedd Elfed, ar ôl ei flwyddyn yn y Gwendraeth, yn gwrthod yn lân derbyn rheolau Eifion!"

Doedd Elfed ddim yn un o fyfyrwyr mwyaf academaidd 'Bala Bang'. Yn ôl Alun Evans:

Noson cynt y bydda fo'n trio paratoi ar gyfer pob arholiad, ac mi fydda'r paratoadau yn llawer gwell na'r ddawn i ateb cwestiynau.

Roedd ganddo ddysglau yn llawn dŵr o'i gwmpas ac mi fyddai'n cadw'i hun yn effro trwy daflu dŵr i'w lygad tra bydda fo wrthi am dri a phedwar o'r gloch y bore.

Cyn un arholiad Groeg dyma fo'n dweud, "Os na ddaw cwestiwn am y *Greek Gods* mi fydd hi ar ben. Dwi ddim wedi astudio dim byd arall. I mewn i'r neuadd â ni, a chael y cwestiynau. Dim byd am y *Greek Gods*, dim ond cwesiwn am y *Greek Architecture*. Dyma edrych yn ôl a gweld golwg reit hapus ar Elfed. Mi ddechreuodd sgwennu ac mi lenwodd un llyfr, ac mi ofynnodd am un arall. Roeddwn i wedi hen orffen erbyn hynny ac mi ofynnodd Elfed am drydydd llyfr.

Ar y diwedd dyma ni'n dweud wrtho fo, "Un da wyt ti, yn dweud nad oeddet ti'n gwybod dim."

"Jawl, do'n i ddim."

"Ond doedd dim cwestiwn am y *Greek Gods*."

"Nagoedd, ond weles ti hwnna am y *Greek Architecture*? Fe sgwennes i am, y *Greek Architecture* in connection with *the Greek Gods*."

Os mai llugoer oedd ei agwedd at wersi, fe fwriodd Elfed iddi gyda'i frwdfrydedd arferol ym mhob agwedd arall o fywyd y coleg. "Doedd e ddim yn nhîm pêl-droed 'Bala Bang' oherwydd y drafferth gyda'i goes," meddai Eifion, "ond roedd e'r cefnogwr mwya brwd gafodd unrhyw dîm erioed. Roedd e fel torf!"

Elfed fyddai'n arwain y seranêd y tu allan i hosteli merched colegau Bangor yn hwyr y nos. O ran adloniant fwy confensiynol hefyd roedd hwn yn gyfnod llewyrchus ym Mala Bangor.

"Roedd yn draddodiad bryd hynny bod myfyrwyr yn mynd o gwmpas y fro yn diddanu a diddori," medd Alun Evans. "Arferiad oedd wedi cychwyn, efallai, efo criw Triawd y Coleg ac ati rai blynyddoedd ynghynt. Ond mi ddigwyddodd eto bod 'na ryw griw ohonon ni oedd â diddordeb yn y pethau yna yn dod i fewn efo'n gilydd ac asio yn dîm clós o ran cyfeillgarwch. Ac roedd Elfed, wrth gwrs, yn ei chanol hi."

"Roedd 'na chwech ohonon ni wedi cychwyn parti noson lawen," medd Elwyn Jones:

Y peth mawr oedd bod Elfed dipyn bach yn hwyr, ddwedwn i. Os oedd y bws yn mynd ymhen pum munud dyna pryd bydda Lewys yn mynd i ddechrau siafio. Ac Alun, fyddai'n arwain y noson, yn colli'i dymer efo fo. Ond roedd yn amlwg bryd hynny bod yna drefn rywle yng nghanol yr anhrefn.

Dwi'n cofio mynd i un Steddfod Ryng-Golegol yn Abertawe. Noson hwyr y noson gynta', un hwyrach yr ail noson ar ddiwedd y steddfod. Diwrnod wedyn, mynd i'r pictiwrs yn Abertawe i gysgu yn y pnawn oherwydd bod ganddon ni noson lawen wedyn y noson honno. A fan'no y cawson ni'r perfformiad rhyfedda. Roedd Lewys fflat owt ar *settee* yn cysgu'n sownd nes bod hi'n amser iddo fo berfformio. Ac unwaith roedd o ar y llwyfan roedd holl egni'r greadigaeth yn perthyn iddo fo, ar ôl bod yn cysgu'n drwm funudau ynghynt.

Elfed wedyn yn mynd ati i godi côr meibion yn y Coleg i gystadlu mewn steddfodau o gwmpas Sir Fôn. Doedd neb yn cymryd y stiwdants 'ma o ddifri i ddechrau, ond beth oedd rhywun yn ei gael oedd côr rhyfeddol o ddisgybledig. Roedd rhaid i Lewys gael trefn. Trefn ar y canu a threfn ar sut i gerdded ar y llwyfan. Esiampl i'r corau eraill, yn ôl y beirniaid. A wir, mi enillon ni ddwy gwpan yn Sir Fôn, a gwobrau yn y Steddfod Ryng-golegol. Mi aeth ag un côr i gystadlu yn yr Almaen.

Roedd ei yrfa actio hefyd yn datblygu, er nad bob amser yn y ffordd gonfensiynol. Un o'i gyd-actorion oedd Hedley Gibbard:

Dwi'n cofio ni'n perfformio *Nos Ystwyll* yn Steddfod Llangefni. Roedd Elfed yn offeiriad yno a finnau'n glown. Roedd 'na un olygfa ble'r oeddwn i'n mynd allan ac Elfed i fod i ddod i mewn fel yr offeiriad ar gyfer priodas. Ac roedd John Gwilym Jones y cynhyrchydd ar binnau, achos doedd dim sôn am Elfed. Dyma fi drwodd i stafell newid fach fach yn y cefn a dyna lle'r oedd Elfed gyda rhyw bisin bach o bapur a phensel. "Faint oedd y *fish and chips* 'na gawson ni neithiwr, Gibs?" medda fo. Elfed yn fan'no mewn gwisg fawr wen yn gwneud ei gownts, a John Gwilym yn cael cathod bach yn disgwyl iddo ddod i'r llwyfan.

Roedd wythnos rag y myfyrwyr yn drwydded i bawb wneud pethau hurt, a doedd Elfed ddim am golli'r cyfle. "Dwi'n cofio un stynt wnaethon ni," medd Alun Evans:

Cymryd yn ein pennau i gerdded wysg ein cefnau yr holl ffordd o Gaergybi i Fangor. Allai rhywun ddim gwneud hynny heb ymarfer. Rhaid perffeithio'r grefft o gerdded tuag yn ôl. Rwy'n cofio Elfed a finnau'n mynd i bregethu, Elfed yn Chwilog a finnau rywle yn yr un ardal. Roedd gen i hen fan GPO ac roedd Elfed yn teithio efo fi y bore hwnnw. Dyma ffarwelio efo Elfed ryw chwarter awr cyn ei oedfa fo er mwyn i mi gael mynd yn fy mlaen. Elfed yn cerdded wysg ei gefn trwy bentre Chwilog, wysg ei gefn i mewn i'r capel a wysg ei gefn i fyny i'r pulpud. Dim eglurhad i neb, ond roedd yn rhaid cymryd pob cyfle i ymarfer.

Os oedd meithrin parchusrwydd yn y darpar barchedigion yn rhan o nod y coleg, roedd yn amlwg y byddai Elfed yn dalcen caled. A doedd hynny ddim bob amser wrth fodd cenhedlaeth ei dad.

"Dwi'n ei gofio fe unwaith yn prynu pâr o sgidie gwyrdd mewn siop Oxfam neu rywle tebyg ym Mangor," medd Hedley Gibbard:

Roedd sgidie gwyrdd bryd hynny yn way out. Roedd Morley wedi dod i fyny i Fangor i ryw bwyllgor neu rywbeth, ac roeddwn i'n cael pas adre gyda nhw. Dyma gyrraedd Cefneithin a chael croeso mawr. Rhaid aros i gael te. Wrth i Elfed ddechrau dadbacio dyma'i dad yn gweld yr esgid wyrdd 'ma.

"Be gythgam yw hon?" medde fe. "Wyt ti ddim yn meddwl mynd i bregethu ar y Suliau yn gwisgo esgidiau gwyrdd!" A dyma nôl rhyw dun a deio'r esgid yn ddu.

"Dere â'r llall," medde fe. Ond roedd yr esgid arall yn dal yn y

Coleg ym Mangor. Ac mi welwyd Elfed unwaith neu ddwy wedyn yn gwisgo un esgid werdd ac un ddu.

***

Rhwng gorffen coleg a'i swydd gyntaf fel gweinidog treuliodd Elfed gyfnod yn gwneud y gwaith mwyaf anhebygol: clerc yn swyddfa Manweb yn Wrecsam. Roedd yn lletya yn y Ponciau gyda rhieni ei ffrind, Elwyn Jones, a oedd yn gweithio yn yr un lle.

"Roedd ein swyddfa ni'n agos at y gwaith lledr, lle'r oedd y drewdod rhyfedda," medd Elwyn. "Ond roedd Lewys wrth ei fodd efo'r lle."

Roedd 'na hefyd amryw o siopau *antiques* yn yr ardal a golwg ofnadwy ar y rhan fwya ohonyn nhw. Ond roedd o wrth ei fodd efo'r rheini hefyd. "Gwranda," medda fo. "Os wyt ti am fynd i'r weinidogaeth mi fydd raid iti fynd i lefydd lawer gwaeth na hyn!" Elfed yn glarc! Ond mi wnaeth yn o reit. O leia mi gadwodd o'r job!

Cyrraedd Maldwyn

Fe adawodd Elfed ei ôl ar sawl rhan o Gymru. Ond does dim amheuaeth mai yn ardal Llanfyllin yn Sir Drefaldwyn y cafodd y dylanwad mwyaf parhaol. Y cyfnod hwnnw o bedair blynedd ar ddeg oedd y mwyaf byrlymus yn ei hanes. Llwyddodd i danio'r bywyd cymdeithasol Cymraeg mewn ardal wasgaredig yn ffinio â Lloegr, ac mae ei greadigaeth bwysicaf, Aelwyd Penllys, yn dal i ffynnu.

Ond cael a chael oedd hi iddo ddod yno'n weinidog o gwbl. Ar ôl iddo aros yn hir am alwad i unrhyw le, fe gyrhaeddodd dwy gyda'i gilydd: un o Ynysybŵl, ychydig filltiroedd o'i fro enedigol yn y Rhondda, a'r llall o sir na wyddai'r nesa' peth i ddim amdani.

Mae Mrs May Lewis, yn ei gofio'n mynd i bregethu yn Llanfyllin am y tro cynta', i'r oedfa brawf. Roedden nhw'n byw yng Nghefneithin ar y pryd:

> Roedd y Parchedig Arthur Thomas, Llanfair Caereinion wedi bod yn pregethu yn y De ac roedd Elfed yn mynd 'nôl gydag e i Sir Drefaldwyn. Rwy'n cofio Arthur Thomas yn galw amdano fe a chael cwpaned o de, ac Elfed yn canu lan y llofft wrth baratoi. "Wel mae e'n hapus yn mynd," meddai Arthur. "Ydi," 'wedes i, "sa'i wedi'i weld e mor hapus â hyn yn mynd i unrhyw gyhoeddiad."
>
> Roedd rhaid iddo fe ddewis wedyn rhwng Ynysybŵl a Llanfyllin. A dwi'n cofio ysgrifennydd Ynysybŵl yn dod i'n gweld ni i'r Mans. "Dwi am gael gwybod gyda chi pam nad y'ch chi'n ateb fy llythyr i," medde fe wrth Elfed. Dyma fe'n dod â phapur ac amlen a phen ac yn dweud wrth Elfed, "Dwi am i chi roi'ch ateb

ar ddu a gwyn." A fel'ny buodd hi.
Mae'n rhaid mai Na oedd yr ateb,
achos i Lanfyllin aeth e. Roedd y
lle mor ddieithr iddo fe â tae e'n
mynd mas i America, ond roedd e
wrth ei fodd yn mynd.

Un o'r rhai cyntaf i'w groesawu i Lanfyllin
oedd Marged Jones, a ddaeth wedyn yn
faer y dref. Roedd ei gŵr, W J Jones, yn
athro yn yr ysgol uwchradd leol. Dyma'r
deyrnged a dalodd Marged Jones i Elfed
mewn cyfarfod coffa yng Nghapel Pendref,
Llanfyllin ym Mehefin 1999:

Y syndod yw, ac ystyried ei ffordd
anniben, ddi-drefn o'i fyw bob
dydd, bod Elfed yn gymaint o
arbenigwr ar gymaint o bynciau.

*Yng nghwmni Marged Jones, ei ffrind
o ddyddiau Llanfyllin... a Tes.*

Roedd yn gerddor penigamp, yn
faledwr unigryw, yn actor proffesiynol ac yn hyfforddwr ieuenctid
heb ei ail. Roedd hefyd yn genedlatholwr pybyr, un oedd yn
barod i ddioddef dros ei gredo, ac yn ddilynwr rygbi hollol wallgo.
    Ond pregethwr a gweinidog oedd Elfed uwchlaw pob dim arall.
Roedd ganddo'r gallu i saernïo pregethau cofiadwy heb ystrydebu
am foesoldeb a'r pechod gwreiddiol. Medrai gydymdeimlo'n
ddiffuant â'r galarus, a hynny heb ddefnyddio geiriau gwag,
llafurus.

    'Un llaw yn cydio'n y llall,
    Hyn a ddaw â chyd-ddeall.'

    Daeth yn weinidog i Lanfyllin – i fugeilio eglwysi Pendre',
Penllys, Penuel a Phont Robert, a daeth â chwlffyn o Gefneithin
i'w ganlyn! Daeth atom yn syth o'r Coleg, heb flewyn ar ei ên a'i

wallt yn gymen. A ninnau, ei aelodau, mor falch ohono, gan dybio y medrem ei gynghori, ei hyfforddi a'i fowldio i mewn i'n patrwm ni. Druan ohonom!

Fuon ni ddim yn hir cyn sylweddoli fod gan Elfed farn bendant ac egwyddorion di-syfl, a doedden nhw ddim bob amser yn cyd-fynd â syniadau'r saint.

Roedd Capel Pendre' wedi arfer cael pregeth Seasneg unwaith y mis – '*for the sake of our English friends in the town!*'. Pan hysbyswyd Elfed o'r traddodiad hwnnw cafodd dipyn o siom. Roedd e wedi cael ar ddeall mai capel uniaith Gymraeg oedd Pendre', ac yn anffodus (anffodus i *ni*, nid iddo fe) doedd e erioed wedi cael ei hyfforddi i draddodi pregeth yn Saesneg.

Bu pwyso go drwm arno o du'r diaconiaid, ac o'r diwedd bodlonodd yn groes i'r graen i roi cynnig arni. Pregeth Gymraeg gawson ni'r rhan fwyaf, a brawddegau Saesneg, hollol ddigyswllt, wedi eu taflu i mewn yma ac acw driphlith draphlith. Shipris o bregeth!

Doedd yr ail a'r trydydd cynnig ddim gwell, a digon yw dweud fod y bregeth Saesneg cyn pen fawr o dro wedi marw o farwolaeth naturiol.

Roedd Elfed yn galw'n gyson gyda ni ym Mronwydd ac roeddem yn falch o'i weld bob amser. Ond gorfu inni osod lawr un rheol bendant. Doedd e ddim i alw wedi hanner nos, hynny yw os na fyddai argyfwng. Ac mae'n syndod faint o argyfyngau oedd yna ym mywyd Elfed. Ond pan fyddai Nansi Richards, Telynores Maldwyn, yn dod acw i aros byddai'r rheol yn cael ei thorri'n rhacs. Roedd y ddau o'r un anian, y ddau'n cael rhyw adfywiad rhyfedd ar ôl hanner nos. 'Oriau sanctaidd y tylwyth teg,' chwedl Nansi.

Byddai W J a minnau'n mynd i'r gwely a gadael iddyn nhw o flaen tanllwyth o dân i ddal pen rheswm, i ganu alawon gwerin a cherdd dant hyd berfeddion. Rwy'n cofio codi tua wyth o'r gloch un bore a chael y ddau yn chwyrnu cysgu – y ddau'n gorwedd ar yr un soffa a phen Elfed ar arffed Nansi, a'r tân wedi hen farw. Roedd hi'n werth gweld wynebau'r ddau pan es i â chwpaned o de iddynt i'w deffro.

Rwy'n cofio un noson arbennig a ninnau yn y gwely – hanner awr wedi un ar fore Sul oedd hi, a dyma gnoc argyfyngus ar y drws ffrynt. Roeddwn i'n adnabod y gnoc, cnoc arbennig Elfed. Dyma agor y drws a dyna lle'r oedd Elfed a rhes o ferched y tu ôl iddo. Pedair oedd yno mewn gwirionedd ond yn y tywyllwch roedden nhw'n edrych fel côr cerdd dant. Ac medde Elfed yn ei lais mwyn gofyn cymwynas (roedd ganddo lais gwahanol at bob amgylchiad), "Maen nhw wedi colli'r bws!"

"Bws?" meddwn innau, "Pa fws yr amser hyn o'r nos?"

"Bws o Glan-llyn i'r De, a does ganddyn nhw unman i roi'u pennau i lawr."

"Beth am eich tŷ chi? Mae digon o le yn fan'ny. Tŷ mawr â phedair 'stafell wely."

"Ie, ond yn anffodus dim ond un gwely sy' 'da fi."

Ac acw y buon nhw tan nos Sul, pan fyddai amser gan Elfed i fynd â nhw yn ei siandri i lawr i'r De. Fe aeth y merched a minne i'r capel ar y nos Sul i wrando ar Elfed ac fe gawson bregeth ysbrydoledig ar destun amserol, y Samaritan Trugarog.

Roedd Elfed a minnau'n cwympo mas weithiau yn dân golau, ond wastad yn gorffen yn ffrindiau. Rwy'n cofio un tro yn arbennig a'r gwres yn codi'n uchel. Drannoeth Eisteddfod Sir yr Urdd oedd hi ac roedd parti Aelwyd Penllys wedi colli'r wobr – nid am eu bod yn canu'n sâl ond am eu bod wedi anwybyddu rheolau'r gystadleuaeth yn llwyr. Fi oedd ysgrifennydd yr eisteddfod, ac felly fi oedd y cocyn hitio. Ond chwarae teg iddo, fe ddaliodd rhag ceryddu o flaen pawb yn yr Eisteddfod. Fe arhosodd tan ar ôl y bregeth fore Sul cyn dechrau taranu.

"Rydych chi wedi cosbi'r Sir trwy gosbi Penllys, chi a'ch rheolau pitw! 'Dych chi ddim yn gwybod mai'r parti gorau ddylai gynrychioi'r Sir? Be sy' ar eich pen chi, *Fenyw*?"

Ac fe stopiodd yn sydyn. "Mae'n ddrwg 'da fi. Ddylwn i ddim fod wedi'ch galw chi'n fenyw."

Roeddwn innau wedi tawelu erbyn hyn ac meddwn wrtho: "Elfed annwyl, dyna beth ydw i. Mae'n ddrwg gen inne siarad fel'na â fy ngweinidog hefyd. Rwy'n eich trin fel tae chi'n fab i mi

– yn union fel rwy'n trin Arwyn."

"Diolch Marged," medde fe'n hollol dawel. "Mae'n anrhydedd cael fy nghyfri fel mab i chi."

Doedd dim ateb gen i. Fe dawelodd y storom, a chlywais i ddim gair pellach am y cam a gafodd Aelwyd Penllys.

Aeth Elfed i garchar dros yr iaith ac roedd ei ffrindiau'n poeni amdano – poeni y byddai rheolau caeth y carchar yn ei ddigalonni. Roedd Elfed yn berson teimladwy iawn. Felly penderfynodd y diweddar Barchedig Arthur Thomas, Llanfair Caereinion a minnau fynd bob cam i Risley i roi tro amdano. Cychwyn yn y bore bach, colli'r ffordd a chyrraedd ar amser anghyfleus – amser nad oedd yn caniatáu ymwelwyr. Roeddwn i wedi rhagweld anawsterau ond roedd Arthur yn ffyddiog – "Maen nhw'n gorfod caniatáu mynediad i weinidog yr Efengyl!"

Ond fyddai Arthur byth yn gwisgo coler gron, ac roedd y swyddog ffroenuchel yn amharod i'w gredu. A dyma fi'n meddwl am gynllun arall, a meddwn mewn Saesneg crand: "*I am the Mayor of Llanfyllin, the City of Llanfyllin, the Reverend Lewis is my padre, and it is imperative that I should see him to make arrangements for the Mayor's Sunday which takes place in a fortnight's time.*"

Gwir bob gair, heblaw am y ffaith imi alw Llanfyllin yn '*city*'.

A dyma'r llabwst pwysig yn fy holi. Fy enw? Fy nghyfeiriad? Fy rhif ffôn?

Mewn ychydig funudau daeth y dyn yn ei ôl ag Elfed yn ei ganlyn.

"Jiw jiw," medde Elfed, "mae'r boi 'na'n eich ffansïo chi Marged, roedd e hyd yn oed yn gofyn am eich rhif ffôn chi."

Cawsom amser hapus yn ei gwmni. Ninnau'n holi a holi. "Sut maen nhw'n eich trin chi Elfed? A beth am y carcharorion?"

"Maen nhw'n hen fois iawn. A rydwi wedi gwneud ffrindiau â rhai ohonyn nhw'n barod." Doedd dim eisiau i ni boeni!

Bythefnos wedyn roedd Sul y Maer yn Llanfyllin ac Elfed 'nôl wrth ei ddyletswyddau. Roedd Elfed braidd yn ddirmygus o'r wisg goch a'r blew ermin, ond y diwrnod hwnnw gwnaeth ymdrech arbennig i fod yn urddasol. Gwisgai grys gwyn a thei goch i gyd-fynd â fy ngwisg i!

Ac i goroni'r cyfan roedd wedi dod â Chôr Aelwyd Penllys yno,
a'r rheini'n canu'r anthem yn wefreiddiol – y cyfan er clod i mi!
Doedd neb yn fwy teyrngar nag Elfed i'w ffrindiau.

Roedd gan Elfed ei arwyr – cenedlaetholwyr rhonc – Cymry
ifainc oedd yn barod i ddioddef dros yr iaith – ambell i chwaraewr
rygbi fel Carwyn James – a Waldo. Byddai'n dyfynnu o waith
Waldo yn gyson yn ei bregethau ac roedd ganddo bregeth anfarwol
ar y testun:

> Cadwn y mur rhag y bwystfil
> Cadwn y ffynnon rhag y baw.

Magwyd y ddau dan gysgod y Preselau, ac roedd yna
debygrwydd rhwng y ddau: diniweidrwydd y plentyn, y diofalwch
am yr hunan, eu consýrn dros y gwael a'r gwachul. Fe wynebodd y
ddau garchar dros eu hegwyddorion.

> Daw dydd y bydd mawr y rhai bychain,
> Daw dydd ni bydd mwy y rhai mawr.

Dyna'r cwpled y byddai'n ei ddyfynnu pan fyddai Plaid
Cymru'n colli sedd ar ôl sedd mewn etholiad, neu pan fyddai
Lloegr yn curo Cymru ar y cae rygbi.

Trueni na fuasai wedi cael byw i weld geni'r Cynulliad, a gweld
brenhines Lloegr yn ystod y randibŵ yng Nghaerdydd yn codi i
ganu 'Hen Wlad fy Nhadau', a dim sôn am 'God Save the Queen'.

> 'Daw dydd y bydd mawr y rhai bychain… '

Elfed, y gweinidog anghonfensiynol, y cyfaill triw. Doedd neb
yn debyg iddo a fydd yna neb chwaith. Dyw'r Bod Mawr ddim yn
ailadrodd ei hun.

Actio'r Ffŵl

Pe bai Elfed heb benderfynu mynd i'r weinidogaeth does fawr o amheuaeth pa alwedigaeth y byddai wedi ei dewis. Roedd actio yn ei waed ers ei berfformiadau cynnar yn y Rhondda, ac yng nghanol y gwaith hwnnw y bu farw.

"Roedd e wrth ei fodd ar lwyfan ac rwy'n credu taw dyna oedd e'n moyn ei wneud," meddai'r actor Dafydd Hywel, a ddaeth yn ffrind iddo yn ystod taith gyda Chwmni Theatr Cymru yn nechrau'r saithdegau. "Actio'r oedd e, mewn ffordd, pan oedd e'n pregethu."

Elfed oedd yn chwarae'r ffŵl yn y cynhyrchiad hwnnw o *Meistr y Chwarae*, a oedd yn cyflwyno Twm o'r Nant i blant ysgol. Gwnaeth hynny wedyn ymhen dwy flynedd mewn anterliwt gyda'r un cwmni. Syr Tom Tell Truth oedd cymeriad Elfed ac roedd wedi'i wisgo fel clown. Dywedodd ymhen blynyddoedd ar y radio ei fod wedi bod yn edmygu'r clown a'i golur ers iddo weld pantomeim yng Nghaerdydd am y tro cynta.

Ar raglen o'r enw *Pe Meddwn y Ddawn*, bu'n disgrifio'r wefr a deimlodd wrth actio'r ffŵl:

Fydda i'n cofio fi'n mynd mewn i'r Ysgol yn Llanfyllin yn y wisg 'ma a phlant ysgolion Llanfyllin a'r Trallwng a Llanfair Caereinion yno – doedden nhw ddim wedi fy nabod i ar unwaith ond pan wnaethon nhw dyma fonllef o chwerthin. Ond roedd gan Syr Tom Tell Truth bethe mawr i'w dweud. Er enghraifft, "Mae balchder y Cymry ffolion / I ymestyn ar ôl y Saeson / Gan ferwi am fynd o fawr i fach / i ddiogi'n grach fon'ddigion… Mae hyn yn helynt aflan / Fyned o'r hen Gymraeg mor egwan / Ni chaiff ei pharchu mewn bryn na phant / Heno gan ei phlant ei hunan."

Mae 'na ddwyster, mae 'na feddwl treiddgar iawn yn fan'na. Roedd yr hen ffŵl yn aml yn ddyn doeth iawn ond bod e'n medru rhoi'r olwg arall 'ma, yr olwg allanol a'r olwg fewnol.

Mae gan Dyfan Roberts, un o'i gyd-berfformwyr, atgofion eraill am gyfraniad Elfed i'r daith:

Roedd o'n gwisgo teits melyn a choch ac yn neidio o gwmpas ar y llwyfan. Yn y Playhouse yn Lerpwl mi roddodd ufflon o naid ac aeth yr hen goes 'na ohoni eto. Mi floeddiodd mewn poen ac mi landiodd Syr Tom Tell Truth yn yr ysbyty i gael ei archwilio gan feddyg.

Sioe Twm o'r Nant, Cwmni Theatr Cymru.

Roedd o yn ôl efo ni yn y perfformiad nesa' yn yr Wyddgrug. Ar y dechrau mi aeth Lyn Jones, Theatr Clwyd, ar y llwyfan i ymddiheuro i'r gynulleidfa fod yna dipyn bach o gloffni gan un aelod o'r cast. Ond ddwedodd o ddim pa aelod. Dyma Wynford Ellis Owen, oedd yn dod i'r llwyfan o flaen Elfed, yn penderfynu cerdded yn gloff. Ar ôl i Elfed ymddangos doedd neb yn siŵr pwy oedd wedi cael yr anaf.

Yn Ysgol Uwchradd y Bala roedd nifer o ffrindiau ac aelodau capeli Elfed wedi dod i weld y sioe. Roedd y stafell newid ar yr un lefel â'r neuadd lle'r oedd y perfformiad, ac ar y diwedd roedden nhw'n heidio i mewn i ddweud Helô a'i longyfarch. Roedd Elfed yn sefyll yn fan'no yn gwisgo rhyw hen drôns tyllog oedd yn datgelu mwy nag oedd yn weddus i weinidog, ond roedd Elfed yn croesawu pawb efo'i frwdfrydedd arferol ac yn sgwrsio efo nhw heb sylweddoli fod dim byd o'i le!

Mi ges i'r fraint o ganu mewn triawd oedd yn cynnwys Elfed yn yr ail hanner – canu yn yr hen ddull, canu plygain – a dyna lle'r oedd rhywun yn teimlo fod Elfed yn ei elfen. Roedd ganddo fo hoffter dwfn iawn, nid jest o ganu gwerin ond o'r hen emynau a thonau. Roedd o'n arbenigwr yn y maes hwnnw. Fo oedd wedi cael gafael ar yr hen diwn 'ma efo tri llais, a chael Osian Wyn a finnau i'w chanu hi efo fo.

Doedd o ddim yn *hypochondriac* ond roedd o'n ofalus iawn ohono'i hun ar ryw ystyr, sydd eto'n beth eironig i'w ddweud. Roedd hi'n ddefod grefyddol bron ei fod o'n bwyta mêl peth cynta' bob bore er mwyn ei iechyd a'i lais. Mi fydda'n cario'r blwming pot stici 'ma efo fo i'r stafelloedd newid a'r mêl yn llifo i lawr yr ochrau.

Ym Mhontypridd yn ystod y daith mi benderfynodd bod 'na ryw fymryn bach o rywbeth yn bod ar ei lais. Rhag ofn iddo gael *germs* yn y tywydd oer mi ddechreuodd wisgo sgarff wedi'i lapio rownd ei geg, ac mi fyddai'n cerdded yn ôl a blaen ar hyd stryd brysura Pontypridd yn edrych fel bandit o'r Gorllewin Gwyllt efo pot mêl yn ei boced.

Doedd Elfed ddim yn actor yn ystyr broffesiynol y gair. Doedd o 'rioed wedi cael hyfforddiant coleg yn y maes hwnnw. Gwneud pethau wrth ei reddf y bydda fo. Mae 'na lawer o bobol ffuantus ym myd y theatr, ond ar ddiwedd pob taith mi fydda Elfed yn mynd yn ôl i ganol ei bobol ei hun ac roedd rhywun yn ei barchu fo am hynny. Roedd o mor agos i'w le ac mor agos at ei bobol.

Roedd o hefyd yn drefnydd da, er bod hynny'n swnio'n beth rhyfedd i'w ddweud. Pan fydda fo ddim yn y sioe ei hun doedd 'na neb tebyg iddo fo am hel pobol i'r neuaddau. Mi fydda wrth ei fodd ein bod ni'n dod i berfformio i Lanfyllin, ac yn aml iawn mi fyddan ni'n diweddu taith yn aros yng Ngwesty Dyffryn Cain yn Llanfyllin. Pawb yn heidio i fan'no wedyn ac yn canu tan yr oriau mân.

Mi gafodd o ran bach yn *William Jones* hefyd – fel plismon! Duw a ŵyr pwy feddyliodd am y rhan honno i un mor fyr, ond mi wnaeth ei waith yn dda iawn, chwarae teg.

Elfed yn Cofio Penllys

Chwefror 1993 oedd hi, a'r achlysur oedd pen blwydd Aelwyd Penllys yn 30 oed. Gan mai Elfed a'i sefydlodd, doedd y ffaith bod yr aelwyd mewn gwirionedd yn 31 ddim yma nag acw. Roeddwn i yno efo Lyn Ebenezer a chriw camera *Hel Straeon* i gofnodi'r dathlu, a seren y diwrnod oedd Elfed. Bu ein gŵr camera trwsiadus yn ei ffilmio y tu mewn i'w gar ar ffyrdd culion ei hen gynefin, ac nid fo oedd y cynta na'r ola i ddod allan yn flew ci o'i gorun i'w sawdl.

Wrth giât Eglwys Llanfihangel-yng-Ngwynfa, cartre'r enwocaf o blygeiniau Sir Drefaldwyn yn ogystal â bedd Ann Griffiths, y ffilmiwyd y sgwrs ganlynol rhwng Elfed a Lyn, sy'n gofnod mwy gwerthfawr nag a sylweddolem ar y pryd o'i brofiadau gydag Aelwyd Penllys.

Lyn
Sut brofiad oedd dod yma ar ddechrau'r chwedegau i ardal hollol wahanol, ar y ffin â Lloegr bron iawn... sut brofiad oedd e?

Elfed
A dweud y gwir o'n i ddim yn gwybod i ble'r o'n i'n dod, ac wedi dod fues i dipyn o amser cyn dod i wybod fy ffordd obeutu'r lle. Mae 'na gymaint o hen heolydd bach yma. Ond wedi mentro lan i sir nad o'n i'n gwybod dim amdani fe wedes i falle rown i gynnig arni am ryw bedair blynedd. A diawch, ar ôl pedair blynedd ar ddeg own i'n dal yma.

Lyn
Oedd y bobol yn wahanol i'r rhai roeddech chi wedi arfer gyda nhw?

Elfed

I raddau. O'n nhw'n wahanol i
bobol Cefneithin, oherwydd o'r fan
honno des i lan fan hyn. Ardal
glowyr, ardal gymdeithasol glòs
oedd Cefneithin, cymdeithas
arbennig iawn. Ond cyn hynny
rown i wedi byw yng Nghrymych
ac roedd yna ryw debygrwydd
rhwng y ddwy ardal honno, rhwng
Sir Benfro a Sir Drefaldwyn.

Lyn

Ond yn fuan ar ôl cyrraedd dyma
fynd ati i sefydlu Aelwyd Penllys.
Sut digwyddodd hynny?

Elfed

*Penllys yn ennill prif wobr yr Aelwydydd yn
Eisteddfod yr Urdd, Caerfyrddin, 1967.*

Roedd 'na aelwyd yn barod yn
Llanfyllin. Roedd gyda nhw dŷ, Yr
Aelwyd oedd ei enw fe. Ac roedd
'na dipyn yn dod i'r fan honno. Ond roedd 'na dipyn o athrawon yn dod
hefyd. Ond lan yn yr ardal yma – ardal Penllys a Gad yn benna' – roedd
'na gnewyllyn o bobol ifanc o'n i'n meddwl falle bydden nhw wedi dod
lawr i'r Aelwyd ond dim ond rhyw dri neu bedwar oedd yn dod. A dweud
y gwir, doedd dim rhyw lawer yn mynd ymlaen yn yr Aelwyd yn Llanfyllin.
Felly dyma ddechrau galw pobol at ei gilydd yng Nghapel Penllys a gweld
bod 'na ddigon o gyfle i gael Aelwyd yn fan hyn hefyd. Y broblem fwya'
oedd cael enw arni. Fe awgrymwyd nifer o bethau. Gadwnfa oedd un
awgrym! Ond gan bod Penllys yn enw ar ardal yn hytrach na chapel –
Ebenezer yw enw'r capel a dwi'n ofalus wrth seinio'r enw hwnnw – fe
benderfynon ni gael pwyllgor i sefydlu Aelwyd Penllys. Fe gynhaliwyd
hwnnw nid yn y capel ond mewn tŷ ffarm – Cefn Coed, sy'n edrych i

lawr ar Gapel Penllys. Pan aethon ni yno roedden nhw'n brysur yn y gwair. Doedd dim posib cael pwyllgor nes byddai'r gwair wedi cwpla. Ar ben sied y bues i, ac roedd y gwair yn rhydd gyda nhw. Roedd y bois yn meddwl y bydden nhw'n lladd tamed bach arna i ac ro'n nhw'n llwytho'n ddiogel. Ond o'n i wedi arfer gyda'r gwaith hwnnw yn Sir Benfro ac yn y diwedd o'n i'n gweiddi am ragor. Ac rwy'n credu mai nhw gath y chwysad ac nid fi yn y diwedd!

Ac wedyn fe gawson ni bwyllgor. Ac mae 'na chydig bach o draddodiad os oes unrhyw un yn gadael inni gynnal pwyllgor yn ei dŷ – neu hyd yn oed yn ei fan, fel fyddai'n digwydd weithiau – bod y person hwnnw'n cael swydd yn yr Aelwyd. Ac felly Bronwen Cefn Coed oedd ysgrifenyddes gynta Aelwyd Penllys.

Fe fuon ni'n cwrdd yn y capel, ond 'nôl i hen yYsgol Llanfihangel fan hyn y daethon ni. Fan hyn y magodd yr ysbryd, ac rwy'n credu y gallwn ni ddweud mai Llanfihangel yw cartre' ysbrydol Aelwyd Penllys byth ers hynny, er bod yr hen ysgol wedi cael ei thynnu i lawr gwaetha'r modd.

Lyn

Pa mor gynnar yn hanes yr Aelwyd daeth yr holl lwyddiannau 'na yn y steddfod?

Elfed

Dwi'n credu mai yn '62 ddechreuodd yr Aelwyd. Mae 'na rai pobol yn meddwl amdani fel Aelwyd lwyddiannus o'r dechrau, ond fe gymrodd dipyn o amser cyn ein bod ni'n gallu herio'r gorau. Ond dwi'n meddwl mai yn Eisteddfod Caerfyrddin 1967 y gallwn ni ddweud bod rhyw *take-off point* wedi digwydd gyda'r noson lawen. Wedi hynny dwi'n credu bod yr hyder wedi dod yn naturiol a doedd dim byd safai o'u blaen nhw.

Lyn

Ond wrth gwrs ar wahân i'r steddfod roeddech chi'n cystadlu ar bob math o bethe. Rygbi, er enghraifft.

Elfed

Mae 'na stori tu ôl i hynna. Fel un o fechgyn Cefneithin rown i'n trio dal cyswllt gyda'r bêl hirgron. Ac ro'n i'n sleifo bant ambell waith lawr i'r Strade. Ond roedd Barry John wedi symud i Gaerdydd ac yn ware'n erbyn Llanelli am y tro cynta, a'i ddau frawd e, Alan a Clive yn ei farco fe fel mae'n digwydd. Ac ro'n i wedi dweud 'mod i'n mynd lawr i'r gêm ac erbyn y diwedd o'dd 'na saith o fois isie dod gyda fi yn yr hen Hillman Minx. O'n nhw rioed wedi bod mewn gêm rygbi o'r blaen ac ro'n nhw wedi rhyfeddu bod popeth mor agos, mai peth pentrefol oedd e a phawb yn nabod ei gilydd, hyd 'noed y chwaraewyr yn nabod y rhai oedd yn eu cefnogi nhw. Ar ôl dod 'nôl doedd dim taw arnyn nhw, isie bod y cynta o'r Gogledd i gystadlu yn chwaraeon yr Urdd.

Oedd 'na fachan o Grymych, Des, wedi ffurfio tîm yn y Trallwng ac es i at Des; a gyda'i help e a thri neu bedwar arall fe lwyddwyd i gael tîm ym Mhenllys. Roedden ni'n chware'n erbyn Tregaron ac roedd hi'n arllwys y glaw. Roedd hi'n gyfartal jest cyn y diwedd ac fe roddodd y bachan o Bontrhydfendigaid oedd yn reffo benalti i ni. Roedden ni ar y blaen! Ac felly buodd hi tan yr eiliad ola, ond be wnaeth y slej wedyn ond rhoi penalti iddyn nhw, reit o dan y pyst. A dyna'r unig ffordd gallen nhw fynd â ni lawr am yr ail chwarae yn Nhregaron. Ond roedd y bois yn falch iawn mai nhw oedd y rhai cynta o'r gogledd i gystadlu.

Lyn

Mae'n siŵr nad oedden nhw ddim yn gyfarwydd iawn â'r rheolau.

Elfed

Doedden nhw ddim yn poeni gormod am y rheini! Dwi'n cofio'r blaenasgellwr, Norman Tan Llan, yn dod mas o sgarmes â'r bêl yn ei ddwylo, ac yn gofyn i un o'r bois eraill, "Be dwi fod i wneud â hon, ddyn annwyl?"

Cofio un o'r bechgyn wedyn yn rhedeg fel llecheden ar hyd yr asgell chwith. Oedd e 'di neud y *sidestep* perta welech chi'n eich byw. Fydde Gerald Davies yn falch o'i jinc e hefyd. A 'ma fe'n anelu am y lein. A dyma fe drosti. Y *twenty five*!

Lyn

Dyma ni wedi bod yn sôn am gystadlu. Ond roedd yr Aelwyd yn rhywbeth mwy na hynny ac mae'n dal i fod.

Elfed

Falle mai un o'r pethe mawr ddigwyddodd oedd ei bod hi wedi bod yn gyfrwng i greu diddanwch i'r bobol o fewn Cymru. Un o'r pethe oedd yn digwydd, ac rown i'n ymwybodol o hyn pan ddes i lawr i Lanfyllin 'ma yn y dechre, oedd bod pobol yn mynd lawr i Groesoswallt ar nos Sadwrn. Ond o dipyn i beth fe ddechreuwyd cynnal twmpathau dawns, a falle bod yr Aelwyd ym Mhenllys wedi bod yn flaengar yn hynny. Roedden ni'n cynnal twmpath bob nos Fercher a nos Sadwrn. Ac yna roedd Emyr Evans, arweinydd yr Urdd yn Llansilin yn cynnal rhai, o Ddyffryn Ceiriog lawr at fan hyn. Roedd Hedd Bleddyn yn cynnal rhai yn Llanbryn-mair a'r ardaloedd hynny, a falle rhyngon ni'n tri ein bod ni wedi bod damed bach o gymorth i greu atyniad newydd fydde'n cadw pobol ifanc Maldwyn yn y broydd yma yn hytrach na'u bod nhw'n bwrw lawr i Loegr i gael eu diddanwch.

Ond ar wahân i hynny rwy'n credu bod yr Urdd wedi sefydlu rhyw fath o ffordd o fyw hefyd, a honno wedi'i seilio ar y 'pethe' ac ar Gymreictod ac ar yr hen draddodiadau sy'n dal i ffynnu ac yn dal mor fyw yn yr ardal yma.

Lyn

A dyma chi 'nôl yma wedi'r holl flynyddoedd. Ydi pethe wedi newid o gwbl yma?

Elfed

Mae'n rhaid dweud bod y cyswllt yn dal yn go lew. Oherwydd fe fydda i'n dod lan bron bob blwyddyn i'r plygeiniau. A mae dyn yn cael gwahoddiad i wasanaethu mewn ambell i briodas 'ma, neu ddod ar ryw achlysur dathlu, ac mae hynny'n beth braf iawn. Y plygeiniau falle sy'n dod â fi 'nôl gan amla' a dyw'r newid ddim mor syfrdanol wedyn.

Ond ry'n ni fan hyn nawr wrth gât eglwys Llanfihangel ac mae hon yn fro gysegredig fydda i'n meddwl. Oherwydd mae Dolwar Fach i'r Gorllewin, a beddfan Ann Griffiths yn yr eglwys fan hyn. Mae'n fro sydd yn ymyl Lloegr ac yn batrwm, fydda i'n meddwl, i weddill Cymru. Mae'n rhyfeddod i mi o hyd bod yr ardal fach hon yn dal ei Chymreictod ac yn fwy na hynny yn dal at yr hen draddodiadau yn fendigedig. Dwi'n credu bod 'na dros ddeugain o bobol ifanc yn yr Aelwyd eleni. Mae hynny'n syndod o gofio nad oes llawer o waith yn yr ardal i'w denu nhw'n ôl. Gobeithio bydd hi'n parhau, a gobeithio caiff rhai ohonyn nhw weld yr Aelwyd yn mynd am ddeng mlynedd ar hugain arall.

Penllys yn cofio Elfed

Does 'na ddim tafarn debyg yng Nghymru i'r Goat, Llanfihangel-yng-Ngwynfa: 'public house' go iawn, lle mae'r cwsmer yn cerdded trwy stafell yn cynnwys piano, cloc mawr, cwpanau eisteddfod a lluniau teuluol ar eu ffordd i'r bar. Yma y byddai criw Penllys yn sleifio o'r Aelwyd pan fyddai Elfed yn hwyr yn dechrau ymarfer. Ac yma y daeth rhyw ugain o'r un criw, at dân croesawgar Menna a'i chwrw'n syth o'r gasgen, ar noson rewllyd rhwng Nadolig 1999 a dathliadau'r mileniwm. Arwyn Tŷ Isa oedd wedi eu hel nhw at ei gilydd i hel atgofion am Elfed. Er imi holi un neu ddau mewn llefydd eraill wedyn, rwyf wedi cyfuno'r sgyrsiau i geisio cyfleu rhywfaint o awyrgylch y noson yn Llanfihangel.

Gwyndaf (Cogs)
Mi oedd 'na Aelwyd cynt yn Llanfyllin ac i honno roeddwn i'n mynd. Oedd Lewys yn mynd i fan'ny hefyd a doedd o ddim yn hapus yno. Athrawon oedd y rhan fwya ohonyn nhw, a doedd Lewys ddim yn cael bod yn fôs.

Alwena Penllwyn
Tro cynta i mam ei weld o oedd yn Steddfod Powys yng Nghroesoswallt. Roedd 'na gystadleuaeth yno – 'Araith y Llywydd yn y flwyddyn 2000'. A dyma Elfed yn dod ar y llwyfan, yn weinidog newydd yn yr ardal, ac yn cychwyn areithio. Yr araith i fod i bara am ddeng munud ond roedd Elfed wrthi am dri chwarter awr, ac mi gafodd ei dorri allan o'r gystadleuaeth. Ond mi fasa'n ddiddorol iawn cael gafael ar yr araith honno heddiw.

Huw Penllwyn
Roedd disgyblaeth yn beth pwysig iddo fo, yn enwedig ar lwyfan. Ond doedd ganddo ddim ei hun. Y gamp fwya oedd ei gael o i ddechrau ymarfer.

Parti canu a pharti ffarwel: ymadael ag Aelwyd Penllys, 1975.

Roedd o isio pawb ar y llwyfan *nawr*. Ac ymhen hanner awr mi fydden ni'n dal i aros. Roedd hynny'n gyrru ni o'n coea ac wedyn roedden ni'n dengyd i lefydd eraill.

Oeddan ni'n ymarfer unwaith yn Llanfyllin ac oeddan ni wedi cael un row ar ôl cael pwl o chwerthin. Oedd o wedi deud wrthon ni am sefyll yn llonydd a pheidio symud, dim ond cario 'mlaen hyd yn oed tasa un ohonon ni'n cwympo. Ac yn sydyn mi ffeintiodd Dafydd Bebb. Mi gwmpodd syth ymlaen a dal ei ddwylo'n syth wrth ei ochr, ac mi darodd ei ên efo cythgam o glec nes bod gwaed yn llifo. A wnaeth neb symud i'w helpu fo, dim ond dal i ganu fflat owt. Roedd hynny'n mynd a disgyblaeth braidd yn rhy bell yn doedd?

Dafydd Bebb

A'r peth cynta wnâi Lewys tan y diwedd pan wela fo fi fydda gweiddi, "Hei dere 'ma" a rhoi llaw dan 'y ngên i. "Mae'n dal yna" medda fo. Blwyddyn ges i yn yr Aelwyd 'ma efo fo ond faswn i wedi hoffi cael llawer mwy. Roedd o'n ffeind ofnadwy wrth rywun ifanc.

Mari Farchwel

Roedd o'n mynd o'i go'n ofnadwy ambell waith, nes bydda rhai o'r merched ifanc yn hanner ei ofan o. Ond byddai pawb wedi anghofio erbyn yr wythnos wedyn. Doedd neb yn dal dig.

Yn ystod y steddfod mi fydden ni'n ymarfer yn y llefydd rhyfedda cyn mynd i'r rhagbrawf. Dwi'n cofio'r Côr Merched yng Nghaerfyrddin yn gorfod stwffio mewn i ryw westy ble'r oedd pobol fawr yr Urdd yn aros. "Jiw, dewch miwn fan hyn," medda fo. A cael practis yn fan'ny efo'r rheini i gyd yn gwrando. "Peidiwch cymryd sylw o'r rhain, dyw hi ddim o bwys amdanyn nhw." Chawson ni ddim llwyfan y diwrnod hwnnw. Ac roedd rhai o bobol fawr y Steddfod yn synnu clywed. "Beth oedd yn bod? Roeddech chi'n canu'n ardderchog heddiw'r bore." Ond y wefr fwyaf ges i oedd ennill y noson lawen yng Nghaerfyrddin a'r gynulleidfa'n codi ar ei thraed ar y diwedd.

Linda Plethyn

Dwi'n cofio adeg steddfod Pontypridd roedden ni'n ymarfer ar y bont 'ma a'r traffig i gyd yn mynd heibio ac Elfed yn arwain y côr mawr 'ma fflat owt a mi hedfanodd ei sbectol o i ganol y ffordd. Roedden ni i gyd bron marw isio chwerthin ond feiddiai neb ddim. Mi afaelodd yn ei sbectol a'i sticio hi'n ôl ar ei drwyn a chario 'mlaen i arwain.

Gwenno Farchwel

Pan oedden ni'n dysgu'r darn côr roedden ni'n cadw at un llinell mewn noson – dysgu'r nodau yn unig, nid y geiriau. Yr wythnos nesa' ella symud ymlaen at linell arall. Doedden ni ddim yn mynd at y geiriau nes bydda pawb yn gwybod y nodau'n berffaith. Y drwg oedd y bydden ni wedyn yn cael trafferth i gofio'r geiriau gan mai 'chydig iawn oedden ni wedi'i ganu arnyn nhw.

Huw

Oedd o'n wych am gael pobol i ddod i anterth ar yr adeg iawn. Roedd o'n credu mai dim ond unwaith roedd rhywun yn canu rhywbeth yn berffaith ac roedd o'n cael hynny i ddigwydd ar y noson. Dwi'n cofio'r noson lawen yng Nghaerfyrddin, roedden ni'n gwybod ein bod ni wedi ennill yn ôl ymateb y gynulleidfa wrth inni adael y llwyfan. Ond sôn am row oedden ni wedi'i gael y noson cynt! Roedd o wedi gofyn gawsen ni ymarfer ar y llwyfan, ac aeth popeth yn shambls. Ond roedden ni'n *spot-on* ar y noson.

Arfon Gwilym

Anghofith neb ohonon ni'r darn gosod ar gyfer Steddfod yr Urdd yn Llanelli. Trefniant o 'Sosban Fach' oedd o, trefniant oedd ddim yn rhy addas i ni, a dweud y gwir. Roedd y Steddfod Sir yn dod ar ganol y tymor wyna a doedd hi ddim yn hawdd cael y criw at ei gilydd, ond roedd yn rhaid perfformio er mwyn cael mynd trwodd i'r Genedlaethol. Dyma fentro i'r llwyfan a chychwyn canu, ond dirywio wnaeth pethau wrth fynd ymlaen. Erbyn canol y darn roedd hi wedi mynd i'r niwl a phawb yn canu ar draws ei gilydd. Roedd y gynulleidfa wedi dechra chwerthin a doedd dim llawer o fai arnyn nhw. Dyma Elfed yn rhoi arwydd i'r côr stopio canu ac yn troi at y gynulleidfa a rhoi andros o bregeth iddyn nhw. "Mae'r bechgyn yma wedi gwneud ymdrech i ddysgu'r darn yma – a'ch cynrychioli *chi* fyddan nhw yn Llanelli!" Roedden ni i gyd isio i'r ddaear ein llyncu ni ond mi roddwyd cynnig arall arni. A thrwy drugaredd mi lwyddon ni i fynd trwy'r darn ar yr ail gynnig – a dod yn gynta yn Llanelli.

Huw

Roeddan ni'n mynd efo fo i osod posteri a thynnu arwyddion. Fydda fo byth yn dweud wrthon ni am wneud ond roedd o wastad yn falch bod ni wedi bod. A'r lle oedd yn achosi fwya o broblem inni oedd y Drenewydd. Oeddan nhw'n mynnu rhoi Newtown o hyd.

Arwyn Tŷ Isa

Dwi'n cofio mynd efo fo i weithio dros Blaid Cymru adeg lecsiwn, i Landrinio o bob man, a cyrn mawr ar dop y fan 'ma. 'Na ti le caled i ganfasio ar ran y Blaid. Ac aethon ni mewn i'r stad dai 'ma, ac Elfed yn siarad a finna'n gyrru'n ara' bach. *Dyma* ryw foi allan o'r tŷ a golwg ryff ddychrynllyd arno fo, ac wrth gwrs at ochor y dreifar roedd o'n dod. Roedd 'na olwg filain arno, fachgen bach! Ac medde Elfed: "Agor drws yn gil agored" – drws sleidio oedd o. Erbyn deall roedd 'na rywun wedi rhoi poster y Blaid yn ffenest rhyw ddynes a honno'n Liberal rhonc ac roedd hi wedi styrbio'n ofnadwy. Wel roedd y dyn 'ma'n traethu a rhoi'r bai i gyd arnon ni – ar gam wrth gwrs. A dwi'n cofio geiriau cyntra Elfed yn iawn, "*You seem a reasonable man to me.*" Wel roedd o'n bopeth ond '*reasonable*'. Finna'n trio cadw wyneb syth gan wybod mai fi fyddai'r agosa' at yr ergyd!

Tegwyn Farchwel

Doedd diaconiaid yr eglwysi ddim yn cytuno bob amser efo be fydda fo'n wneud. Roedd o wedi torri cyfraith lawer gwaith a mynd i garchar a phob peth. Amser aeth o i garchar roedd diaconiaid y tair eglwys efo ni fan hyn yn ddig iawn ac yn bwriadu dod â'r mater gerbron yn y capel. Ond roedd o'n cael y blaen arnyn nhw bob tro trwy ddweud ei hun i ddechrau. Roedd o'n un o'r rheini roedd pobol yn gallu maddau iddo fo bob tro.

Glyn Pen Braich

Roedd o'n un arbennig am gydymdeimlo mewn angladdau. Roedd o'n cymryd amser i 'sidro be oedd o am ddeud. Dwi'n cofio un c'nhebrwng, oedd o'n aros efo rhywun oedd yn gweithio efo fi. A ddaeth o ddim i'w wely fawr ddim trwy'r nos, roedd o'n meddwl beth oedd o'n mynd i ddweud. Ond mi ddaeth y cyfan at 'i gilydd 'chydig cyn brecwst, a dyna fo, mi aeth i'w wely wedyn.

Cogs

Dwi'n cofio'r Aelwyd yn chwarae ffwtbol yn erbyn Cwmllinau, a Lewys ar y *touchline*, fel bydda fo, efo sannau mawr i fyny dros ei glos. Cleds oedd yn y gôl i ni, roeddan ni'n ennill tua 10-0, ac yn reit ddisymwth dyma Lewys yn sylwi nad oedd Cleds ddim yno. Dyma fo'n gweiddi "Lle mae'r goli?" Roedd Cleds wedi mynd i'r coed i biso! Mi oedd rhyw betha bach fel'na'n plesio Lewys, roedd o'n sôn amdanyn nhw'n hir iawn wedyn yn doedd. Mi adroddodd lot am yr adeg y daeth PC Lloyd i'r Aelwyd i sôn am *crime prevention*. Erbyn iddo fynd o 'na roedd rhywun wedi dwgyd ei gôt o. Mi gafwyd hyd iddi yn y piano!

Tegwyn

Mae o wedi gadael ôl mawr ar yr ardal hyd heddiw. Mae'r had adawodd o ar ei ôl yma yn dal i egino a thyfu. Fo ddaru sefydlu'r Aelwyd yn 1962, ac i feddwl 'dan ni yn 1999 rŵan ac mae'n mynd cyn gryfed ag erioed heb dor o gwbl. Dwi ddim yn siŵr gafon ni lwyfan yn y steddfod gynta ym Mrynaman yn '63 ond mae 'na rywbeth wedi bod ar y llwyfan bob blwyddyn yn ddi-dor ers '64. Dwi ddim yn credu bod 'na'r un aelwyd arall yng Nghymru wedi gwneud hynny am gymaint o flynyddoedd.

Cogs

Bythefnos cyn Dolig dwetha 'ma mi ffoniais i o. Dim ateb, felly rhoi'r ffôn lawr. Lewys yn ffonio'n ôl mewn llai na phum munud – wedi deialio 1471. "Ti sy 'na Cogs," medda fo. "Pam na faset ti wedi dal ymlaen? Wyddost ti be' o'n i'n wneud? Wyt ti di cael y profiad lawer gwaith mae'n siŵr bod dy gar di'n gomedd cychwyn" "Wel do, fflat batri wranta gen ti." "Na na, dwi ddim yn gallu stopio un fi" medda fo. Pwy arall ond Lewys fasa'n methu stopio injan ei gar!

Mari

Y peth gofia i'n fwy na dim ydi'r ffordd roedd o'n ysgwyd llaw efo rhywun. Roedd o'n cyrraedd amdanoch chi o bell a roedd 'na ryw deimlad yn y llaw 'ma. Er bod o wedi mynd o 'ma ers yr holl flynyddoedd roedd o'n cofio am bawb. Roedd mam yn cael ei phen blwydd yn naw deg mis Rhagfyr dwetha ac roedd o wedi plesio'n ofnadwy, wedi cofio amdani ac wedi anfon cerdyn iddi.

Linda

Pan o'n i yn y Coleg yn Aberystwyth ac yn mynd am dro o gwmpas y dre, ar nos Sadwrn dyma gyfarfod Elfed yn un o'r tafarnau. Dwi ddim yn cofio lle'r oedd o wedi bod, ond doedd ganddo unlle i aros. "Tyrd nôl i gysgu ar lawr fy stafell i," medde fi. A dyna lle'r oedd o'n cysgu yn y sach gysgu 'ma ar lawr, a'n ffrindiau fi'n dod mewn yn y bore ac yn gweld y gwallt a'r blew 'ma'n sticio allan o'r sach cysgu. Roedd Elfed yn dal i gysgu...

"Pwy ar y ddaear ydi hwn?"

"Elfed."

"Pwy ydi Elfed?"

"Fy ngweinidog i. Jest ffrind, ond mae o'n weinidog."

Cogs

Doedd 'na neb yn meddwl bod Lewys yn mynd i farw byth. Oedd pawb yn deud – rhai oedd lot yn iau na fo – "pan fydda i farw, Lewys sydd i 'nghladdu i". Oedd o fel rhyw Peter Pan, roedd o i fod yma am byth. Ond dyna fo, mi aeth fel'na 'ndo, fel unrhyw un arall.

Na Chydymffurfiwch
â'r Byd Hwn

Cafodd y Mans yng Nghefneithin alwad ffôn annisgwyl yng Ngorffennaf 1971. Neges i'r gweinidog i ddweud bod ei fab ieuengaf yn nythu ar ben mast teledu Blaen-plwyf. "Fi atebodd y ffôn," medd Mrs May Lewis:

Roedd pwy bynnag ffoniodd yn ofni bydden ni'n clywed y newyddion ar y radio. Roedd digon gyda Morley ar ei blât – angladd yn y bore a phriodas y prynhawn. Roedden ni'n poeni am Elfed, yn meddwl beth fyddai'n dod o'r peth, ond allen ni wneud dim byd. Ond roedden ni'n falch iawn pan ddaeth neges yn ddiweddarach i ddweud ei fod e'n ddiogel â'i draed ar y ddaear.

Roedd pump o drosglwyddyddion teledu wedi cael eu dringo ar yr un pryd gan aelodau o Gymdeithas yr Iaith fel rhan o'r ymgyrch am awdurdod darlledu annibynnol i Gymru. Elfed, yn 36 oed, oedd yr hynaf o'r dringwyr. Roedd y rhan fwyaf o'r lleill yn nes at genhedlaeth ei gyd-ddringwr ym Mlaen-plwyf, myfyriwr 21 oed o'r enw Phillip Wyn Davies. Roedd y ddau wedi dringo 250 troedfedd i fyny'r mast, aros yno am ddeg awr, a chanu emynau a 'Hen Wlad Fy Nhadau' cyn dod yn ôl i'r ddaear.

"Roedd fy nhad yn gofidio'n fawr yn y cyfnod yma," medd Eifion Lewis. "Ond fe ddaeth i weld pethau o safbwynt wahanol yn y diwedd. Rwy'n credu bod rhyw ddau o leia wedi ymadael â Chapel Pendre adeg y protestio."

Mae'n ddiddorol i Eifion mai i Flaen-plwyf yr aeth Elfed i ddringo:

Pan oedd y ddau ohonon ni yn y Coleg ym Mangor roedden ni unwaith yn hitch heicio gartre i Gwm Gwendraeth, ac fe gawson

lifft mewn lori oedd yn cario stwff ar gyfer mast Blaen-plwyf pan
oedden nhw'n codi'r mast. Fe fuon ni'n helpu i ddadlwytho'r stwff
o gefn y lori. Ac roedd Elfed yn ymffrostio wedyn ei fod e wedi
helpu i godi'r mast flynyddoedd cyn dringo i'w ben e!

Roedd diwedd y chwedegau a dechrau'r saithdegau ymhlith y mwyaf
cythryblus yn hanes Cymdeithas yr Iaith, ac roedd Elfed yn ei chanol hi,
fel y cofia'i ffrind Arfon Gwilym, a fu'n ysgrifennydd cyffredinol y
Gymdeithas:

Roedd cael rhywun fel Elfed i gymryd rhan weithredol a chyson
mewn protestiadau tor-cyfraith yn beth anarferol iawn. Ond person
â'i ysbryd yn ifanc oedd Elfed ar hyd ei oes. Yn nyddiau cynnar yr
ymgyrch dros sianel Gymraeg y teimlad oedd bod yn rhaid i ni daro'r
awdurdodau ar lefel Brydeinig. Mi fu aml i brotest yn Llundain, a
dwi'n cofio mynd yno fwy nag unwaith efo Elfed dros nos yn y
Citroën – yr Hen Gert. Roedd cefn y car yn llawn o bob math o
drugareddau a phrin bod 'na le i eistedd yn y tu blaen chwaith, ond ta
waeth. Roedd y gwmnïaeth yn ddifyr ac mi fydden ni'n canu rhan
fwya o'r siwrneion.
Roedd canu yn arf defnyddiol iawn i godi ysbryd mewn protest, ac
wrth eistedd ar strydoedd Llundain roedd o hefyd yn ffordd o roi
gwybod i bobol i ba genedl roedden ni'n perthyn. Ac wrth gwrs
doedd 'na ddim codwr canu tebyg i Elfed.
Ar un o'r achlysuron yma y targed oedd pencadlys y BBC,
Broadcasting House. Dwn i ddim eto oedd gan Ffred Ffransis fwriad
ymlaen llaw i wneud defnydd o'r Hen Gert yn y brotest, ond dyna
ddigwyddodd, er mawr syndod a rhyfeddod i Elfed. Mi ofynnwyd i
Elfed barcio'r Gert ar draws mynedfa prif faes parcio'r BBC fel na allai
neb symud i mewn nag allan. A chyda phryder mawr yn ei lygaid y
gwelodd o bedwar plismon cydnerth yn bownsio'r car i fyny ac i lawr
er mwyn ei symud o'r ffordd. Golygfa achosodd ddifyrrwch mawr i
rai pobol yng nghylch Llanfyllin pan ddangoswyd y digwyddiad ar y
teledu'r noson honno – ond embaras i ambell un arall, siŵr o fod.

* * *

Adeg Eisteddfod Genedlaethol Bangor yn 1971 fe gyflawnodd Elfed gamp ryfeddol, o gofio bod yna amheuaeth ar un adeg a fyddai'n gallu cerdded. Fe ymunodd â thaith gerdded Cymdeithas yr Iaith o Fangor i Gaerdydd fel rhan o'r ymgyrch ddarlledu. A thra'r oedd 500 wedi cerdded am wahanol rannau o'r daith, roedd Elfed yn benderfynol o wneud hynny bob cam o'r ffordd. Mae'n siŵr bod a wnelo Elfed rywbeth â neges o gefnogaeth a dderbyniwyd o Seland Newydd gan Carwyn James pan oedd ar ganol taith enwog y Llewod.

Un arall a gerddodd yr holl ffordd oedd Dyfan Roberts:

> Roedd Elfed yn lecio bod yn geffyl blaen, ond roedd 'na rywbeth yn bod ar ei goes o ac roeddan ninnau'n fengach na fo, felly roedd o'n methu dal i fyny efo ni, ac roedd o'n gweiddi "Hei cym on, mae rhai ohonon ni wedi bod yn cerdded ar hyd y daith!'. Dwi'n cofio ni'n cerdded i mewn i dre Dolgellau a ddaru rhai o'r hogia lleol daflu wyau aton ni. A ddaru un o'r wyau 'ma daro Elfed ond doedd o'n malio dim. Roedd yr wy 'ma'n llifo i lawr 'i wallt hir a'i farf o, ond roedd o'n ei wisgo fo fel bathodyn. roedd o'n falch ohono fo, ac yn areithio o flaen y gynulleidfa efo'r wy 'ma'n dal i lifo... a dwi'n dal i glywed ei floedd o, "I'r Gad bois..."
>
> Roedd pobol yn gefnogol iawn ac yn rhoi llety i ni ar hyd y daith, ac un o'r stops oedd tafarn y Stag and Pheasant ym Mhont-ar-sais. Roeddan ni wedi cerdded o rywle fel Llambed a mi gafon ni noson lawen fythgofiadwy yn fan'no. Roeddan ni'n cysgu'r nos mwy neu lai wrth y byrddau lle'r oedden ni wedi bod yn yfed. Ac Elfed yn canu 'Tafarn y Rhos'. Ac yn dyblu ac ailddyblu'r cytgan. Fel canwr gwerin doedd o ddim yn dilyn rhyw batrwm rhythmig... roedd o'n cymryd ei amser ac yn stretsio ambell i lafariad, ac yn ail-ddweud os oedd o'n mynd i hwyl. Roedd y peth yn troi yn rhyw fath o araith gynno fo.

Roedd Arfon Gwilym hefyd ar y daith:

Doedd 'na ddim amser i gael pryd o fwyd iawn ac mi fydda Elfed yn byw ar *flap-jacks* a bisgedi. Roedd ganddo fo hefyd botyn o fêl yng nghefn y fan oedd yn cario bagiau a dillad y cerddwyr. Mi fyddai'n codi'r potyn i'w geg a'r gamp fwya oedd llyncu'r mêl heb iddo ddiferu i lawr ei farf – a fydda fo ddim yn llwyddo bob tro! Ond mi gerddodd bob cam, gan ysbrydoli pawb. A phwy all anghofio cyrraedd Caerdydd ar ddiwedd y Rali ac Elfed yn cario baner yn fuddugoliaethus ac yn canu ac yn bloeddio "I'r Gad!"

***

Ddiwedd Medi 1971 fe benderfynodd yr heddlu arestio 17 o aelodau Cymdeithas yr Iaith, gan gynnwys y dringwyr mastiau, a'u cyhuddo o gynllwynio i wneud difrod troseddol. Arestiwyd pawb ond un ar yr un pryd. Yr eithriad oedd Elfed. Doedd neb yn gwybod am wythnos ble i ddod o hyd iddo. Roeddwn i'n gweithio i'r *Cymro* ar y pryd a threuliais sawl diwrnod yn gohebu ar achos yn yr Wyddgrug, lle rhoddodd Elfed berfformiad personol o gân Harri Webb, 'Colli Iaith', i'r Barnwr Talbot. Ei wobr oedd chwe mis o garchar wedi'i ohirio.

Roedd y diffynyddion yn cael eu galw i'r Llys fesul un, a'u cadw wedyn ar *remand* yng ngharchar Risley tan y diwedd. Roedd fan yn eu cario'n ôl a blaen i'r Llys. Bu hwn yn brofiad newydd eto i Weinidog Llanfyllin, ac i'r carchar, fel y tystia Arfon Gwilym:

Roedd yr holl garchar yn gwybod fod y Cymry wedi cyrraedd yn ôl bob nos wrth glywed sŵn y canu, ac Elfed ar flaen y gad yn ddiffael, yn mwynhau acwstics y carchar yn eithriadol. Does ryfedd iddo gael ei fedyddio'n *Rocking Reverend* ar ôl diwrnod neu ddau. Yn union fel Ffred Ffransis roedd Elfed fel petai'n *mwynhau* bod yng ngharchar – mae'n un o'r llefydd gorau i weld realiti bywyd wedi'r cyfan – yn cymysgu ac yn tynnu sgwrs efo unrhyw un, yn swyddog neu'n garcharor, a'i amynedd yn ddi-ball wrth esbonio pam ei fod o yno yn y lle cynta.

Ar y bore Sul cynta ar ôl yr achos cynllwyn, ac Elfed wedi'i ryddhau ar ôl 11 diwrnod yn Risley, roedd ganddo wasanaeth yn un o'i gapeli. Cyn cychwyn y gwasanaeth cododd Elfed ar ei draed i esbonio i'w flaenoriaid a'i gynulleidfa pam iddo weithredu. Yn ôl y sôn roedd aml i ddeigryn i'w weld yn y capel y bore hwnnw. Cafodd y gweinidog faddeuant.

***

Yn fuan ar ôl cael ei draed yn rhydd – o bosib ar ei ffordd adre o Risley – galwodd Elfed yn swyddfa'r *Cymro* yng Nghroesoswallt. Roedd yn gwisgo côt gyda rhwyg fawr yn yr ysgwydd, diolch i ryw blismon. A bu'n dweud ei hanes yn cynnal gwasanaeth Cymraeg yn y carchar.

Roedd wedi gwneud cais am gynnal un ar ei Sul cyntaf yn Risley, ond cafodd hwnnw ei wrthod. Ond yn ystod yr ail wythnos aeth swyddog ato yn ei waith yn y londri ("Lle da i weithio, doedd dim problem cael dillad glân") a dweud bod hawl iddo gynnal un y Sul wedyn dim ond iddo'i drefnu ei hun.

"Roedd rhai swyddogion yn ddirmygus ohonon ni ac eraill yn dangos cydymdeimlad," meddai. "Erbyn diwedd ein harhosiad, roedd ymadroddion Cymraeg yn britho Saesneg rhai ohonyn nhw er bod llawer o gam-ynganu."

Yn niffyg llyfrau emynau bu Ffred Ffransis ac yntau'n helpu ei gilydd i gofio geiriau a'u sgwennu ar ba bynnag ddarnau o bapur oedd ar gael. Y pump a ddewiswyd oedd 'O fy Iesu bendigedig', 'Dyma gariad fel y moroedd', 'O gariad, o gariad anfeidrol ei faint' ac 'Arglwydd Iesu, gad im deimlo rhin anturiaeth fawr y groes'.

Roedd y gynulleidfa'n cynnwys swyddogion Cymraeg, meddyg y carchar, a thair merch oedd wedi'u carcharu am ddirmyg llys yn yr Wyddgrug a lwyddodd i gael caniatâd arbennig i ddod i ganol y dynion. Parhaodd yr oedfa am awr a hanner.

"Fe ddewisais destun o ddeuddegfed bennod y Rhufeiniaid," meddai Elfed. "Na chydymffurfiwch â'r byd hwn, eithr ymnewidiwch trwy adnewyddiad eich meddwl."

Wasters and Rhymers

"Beth yn eich barn chi," meddai Eleri Richards ar Radio Cymru, "sy'n gwneud baledwr neu ganwr gwerin da?"

"Wel nawr te," meddai Elfed, fel Gweinidog Llywodraeth yn ateb cwestiwn yr oedd wedi ei baratoi ei hunan. "Mi a i at awdurdod mawr iawn, neb llai na'r brenin Edward y Cynta. Tua'r flwyddyn 1284 fe welodd e bod 'na beryg mawr yn dod oddi wrth y clerwyr oherwydd bod nhw'n cadw'r ysbryd yn fyw gyda'r bobol gyffredin. Roedd Edward yn un o'r gelynion mwya gafodd Cymru erioed ac mi wnaeth broclamasiwn gan alw unrhyw ganwr gwerin yn '*wasters, bards, rhymers and other idlers and vagabonds who live on the gift called* cymorthfa', ac mae e'n dweud hefyd yn ei broclamasiwn '*that no wasters and rhymers, minstrels or vagabonds be maintained in Wales to make* cymorthfa *or pillages on the common people, who by their divinations, lies and exhortations are partly cause of the insurrection and rebellion now in Wales...*'"

"Trueni," meddai ar ôl cael ei wynt ato, "na fasa'r hen fywyd yna'n dod nôl yntefe. A dyna werth y canu gwerin i'r bobol ifanc yma sydd wrthi heddiw, a chwarae teg iddyn nhw!"

Yn yr un rhaglen, *Pe Meddwn y Ddawn*, a ddarlledwyd yn 1988, dywedodd Elfed fod y diddordeb mewn hen benillion a baledi wedi bod ynddo erioed, a hynny'n deillio o'i blentyndod yn mhlwyf Eglwys Wen yn Sir Benfro. Ar ôl iddo golli ei fam bu'r fam-gu, Hannah Lewis, yn helpu i ofalu am y plant. Ac yn ôl Elfed, iddi hi roedd llawer o'r diolch am blannu'r diddordeb ynddo:

Clywed mam-gu yn canu rhyw hen benillion, ond yn anffortunus ddim wedi meddwl am eu cofnodi nhw nes bod hi'n rhy hwyr. Ond roedd mam-gu'n sôn am ryw hen foi'n dod i weithio ar y ffarm pan oedd hi'n ferch fach gartre. Lefi Sac oedd ei enw fe, a fydde'r gweision a'r morynion yn hwpo cyllyll a ffyrc mewn i'w boced e ar amser bwyd. Mi fydden nhw'n ffindo nhw cyn diwedd y pryd bwyd ac yn cyhuddo Lefi o fod yn lleidr. A fydde Lefi'n dweud, gan apelio at fy hen fam-gu, "Lefi ddim yn lleidr, Lefi ddim yn dwyn, Musus bach." Ond doedd y bois ddim yn ei gredu fe nes bod e'n canu cân. Mae'r diddordeb yna ers pan own i'n grwtyn bach.

Yn Eisteddfod Abertawe yn 1964 y cafodd ei lwyddiant cenedlaethol cyntaf ar yr alaw werin. Cystadleuaeth Cwpan Coffa Lady Herbert Lewis oedd hi, a bu'n brofiad cofiadwy i'w chwaer Shân:

Roedd y gystadleuaeth ar y llwyfan yn eitha cynnar yn y bore, ac roedd fy ffrind a finne wedi mynd mewn i wrando. Rown i'n teimlo'n eitha nerfus dros Elfed. Fe gerddodd e ar y llwyfan ond wedyn roedd 'na dawelwch hir. Roedd Elfed yn chwilio yn ei boced am rywbeth. Twrio'n ddyfnach ac yn ddyfnach i lawr i leining y boced, ac yn y diwedd tynnu *pitchfork* mas o dwll yn y leining. Y gynulleidfa erbyn hyn yn chwerthin yn braf a finne'n suddo'n ddyfnach ac yn ddyfnach i fy sedd ac isie i'r llawr fy llyncu i. Wedyn

Abertawe 1964. Cael ei longyfarch ar ei fuddugoliaeth genedlaethol gyntaf ar yr alaw werin.

dyma fe'n taro'i benglin, ffeindio'r nodyn, a dechrau canu 'Yr HenŴr Mwyn' a 'Cyn Delwyf i Gymru'n Ôl'. Tawelwch eto, a chymeradwyaeth. Fe gafodd feirniadeth ardderchog ac roedd Elfed wedi ennill y cwpan.

I Elfed, dim ond un ffordd gywir oedd yna i ganu caneuon gwerin, ac roedd yn rhan o'i genhadaeth i gyflwyno'r ffordd honno i bobl ifanc.

Fe ddaeth Linda Healy, o'r grŵp Plethyn wedi hynny, dan ei ddylanwad hyd yn oed cyn iddi ymuno ag Aelwyd Penllys:

> Ddois i i nabod Elfed yn gynta' pan fues i'n canu mewn Steddfod Ffermwyr Ifanc yn Llanidloes. Dwi'n credu mai fo oedd yn arwain y Steddfod ac mi glywodd o fi'n canu. Mi benderfynodd fod gen i lais cantores werin ac mi ddechreuodd ddod heibio adre i ffarm Penbryn, a'n hyfforddi fi. Pedair ar ddeg oeddwn i ar y pryd. Mi benderfynodd fod rhaid i mi gystadlu yn Steddfod yr Urdd. Doeddwn i ddim yn un oedd yn lecio cystadlu, ond roedd rhaid gwneud y gân werin 'ma. Mi ddaeth acw wedyn i'n hyfforddi fi ac roedden ni'n gweithio mor galed, roeddwn i'n methu credu'r peth! Gwneud imi fynd dros yr un hen beth drosodd a throsodd a throsodd nes oeddwn i'n ei gael o yn union fel roedd Elfed eisiau. Erbyn diwedd roeddwn i'n crio mwy neu lai, ac yn dechrau mynd o 'ngho. Ac yn y diwedd roedd o'n chwerthin a rhoi'i freichiau amdana i. Roedden ni wastad yn ffrindiau yn y diwedd.
>
> Yn yr oed yna roeddwn i'n ei chael hi'n anodd i weithio mor galed, a phan fyddwn i'n ei weld o'n cyrraedd y buarth mi fyddwn i'n meddwl, "O na. Mae hwn yma eto i wneud imi weithio." Ond erbyn hyn rydw i'n sylweddoli'r cyfraniad wnaeth o i mywyd i. Mi newidiodd gwrs fy mywyd i. Dwi'n credu hynny'n bendant.
>
> Roedd Elfed yn *deall* canu gwerin. Roedd o'n ymwrthod yn llwyr â'r dull 'eisteddfodol' o ganu gwerin. Y tro dwetha i mi ei weld o oedd yn Steddfod yr Urdd ym Mhwllheli pan oeddwn i'n beirniadu'r gân werin. "Oes rhywun o werth yna?" medda fo. "Neu unawdwyr yn canu cân werin wyt ti wedi'u cael?"

Mae'r rhan fwya' o feirniaid yn meddwl mai canu unawd yn
ddigyfeiliant ydi canu gwerin. Ond roedd Elfed yn credu'n hollol
wahanol. Deud y stori, dipyn o gymeriad, bod yn hollol naturiol,
dim poeni gormod am gael y *crotchets* a'r *quavers* yn iawn. Amseru
hefyd, a chynildeb. Mi ddysgodd o lot i mi ynglŷn â phryd i ddal
'nôl a phryd i roi rhywbeth bach ecstra i mewn.

Os oedd Elfed yn beirniadu allech chi fentro bod 'na ryw
gymeriad ar y llwyfan, rhyw fachgen cefn gwladaidd yn canu
mewn dull hollol ffwr-â-hi, gwerinol. Mi aeth yn gandryll o'i go'
unwaith pan ddwedodd rhyw feirniad fod gen i lais braidd yn
operatic. "Beth uffar sy'n bod ar y twpsyn!" meddai Elfed.

Dwi ddim yn credu y byddai Plethyn yn bodoli fel grŵp gwerin
oni bai am Elfed. Roedden ni ar y dechrau yn canu'n ddwyieithog,
stwff canol-y-ffordd, a dwi'n amau'n fawr iawn fydden ni wedi
mynd i'r cyfeiriad gwerin oni bai am Elfed.

Ar un cyfnod roedd o'n sgwennu cryn dipyn o ganeuon, yn benna'
ar gyfer yr Aelwyd. Sgwennu am betha oedd yn digwydd yn yr
ardal y bydda fo'n aml, yn union fel yr hen faledwyr. Ar gyfer un o
gystadlaethau'r Urdd y sgwennodd o 'Pentre Llanfihangel' – hanes
pentre oedd am flynyddoedd heb gyflenwad dŵr er eu bod nhw o
fewn deng milltir i Lyn Fyrnwy yn Llanwddyn. Mi sgwennodd o'r
geiriau ar alaw yr hen garol Blygain 'Ar Gyfer Heddiw'r Bore'.

Pentre Llanfihangel

Mae pentre Llanfihangel heb ddim dŵr, heb ddim dŵr,
Y fferm a'r siop a'r ysgol heb ddim dŵr.
Os disgyn plant y pentre i'r baw ar amser chware
Rhaid aros nes mynd adre cyn cael dŵr, cyn cael dŵr,
I olchi'r baw o'u penaglinie, does dim dŵr.

Rhaid i bobol tre fawr Lerpwl gael eu dŵr, gael eu dŵr,
Onide mi fydde trwbwl, heb ddim dŵr,
Rhaid boddi pentre Llanwddyn, deg fferm a deunaw tyddyn,

A'r Cymry mor ddiolchgar iddyn am fynd â'u dŵr, am fynd â'u
dŵr,
Er bod pentre Llanfihangel heb ddim dŵr.

O'r diwedd gwnaed cynllunie i dynnu dŵr, i dynnu dŵr,
'Rôl stydio nifer o systeme i dynnu dŵr,
Caed piben fawr fel twnnel o'r Brithdir i Lanfihangel,
Ond mae'r tanc a'r Llan 'run lefel a does dim dŵr, does dim dŵr,
Er gwario deugain mil o bunne, does dim dŵr.

***

Elfed a gyflwynodd Linda i'r bardd Myrddin ap Dafydd, a'i annog i sgwennu
caneuon ar ei chyfer hi a Plethyn. Yn ddiweddarach, bu Myrddin yn
cyfansoddi baledi i Elfed eu canu ar faes y Steddfod, gan ddechrau yn
Abergwaun yn 1986:

Roedd 'na fwriad i gynnal cystadleuaeth canu baled ar faes y
steddfod, ond doedd fawr o neb am gystadlu. Doedd Elfed ddim
isio i'r achlysur ddisgyn yn fflat ac mi benderfynodd bod yn rhaid
iddo fo, fel beirniad, berfformio ei hun. Roedd angen baled
newydd, ac mi ddaeth ata i i ofyn imi sgwennu un. "Faint o amser
sgen i?" "Mi gei di hanner awr." "Ond am be sgwennwn ni? Ar
ba alaw?" Doedd o fawr o dro'n cael hyd i alaw ac mi benderfynon
ni ganu am faes y steddfod. 'Abergwaun y baw a'r gwynt' oedd y
steddfod honno a'r peth cynta mae rhywun yn ei gofio ydi'r mwd.
Ond mae llawer o'r rhai aeth yno ac oedd wedi trafferthu aros yno
i weld yn dweud mai honno oedd un o'r steddfodau gorau erioed.
Roedd cynhesrwydd a brwdfrydedd y bobol leol i'w deimlo yno er
gwaetha'r storm. Ond roedd 'na deimlad bod y cyfryngau wedi
mynd ati i wneus ffys, bod angen welingtons. Mwy nag erioed mi
welson ni rym y cyfryngau Cymraeg yn gweithio yn erbyn y byd
a'r diwylliant Cymraeg ac mi gododd wrychyn llawer o bobol. A
baled am hynny sgwennais i Elfed. Cynnwys llawer iawn o'i
syniada fo, a fo'n ei hystwytho hi. "Na na, wneith hynna ddim

gweithio… rhaid inni wneud yn well na hyn…" Ac mi fuon ni
wrthi'n caboli fesul pennill trwy'r pnawn a'r gyda'r nos nes bod o
wedi cael rhywbeth oedd yn ei blesio fo.

Mi dreuliodd o weddill y steddfod yn ei chanu hi'n bob man.
Roedd pethau'n stopio ar y llwyfan un adeg achos bod llais Elfed
tu allan yn ormod o gystadleuaeth i system sain y pafiliwn mawr, ac
roeddan nhw'n gorfod aros iddo fo orffen ei faled. Be wnaeth o
wedyn oedd mynd at wasg leol yn Abergwaun a'u cael nhw i
argraffu mil o gopïau o'r faled 'ma, ac mi dreuliodd y steddfod yn
canu hon ac yn ei gwerthu hi ar y maes, mewn tafarnau, lle bynnag
y bydda fo'n mynd. Mi canodd hi gannoedd o weithiau a
gwerthu'r copïau am ddeg ceiniog yr un. Ac ar ôl y steddfod mi
ddaeth ata i wedi gweithio'i syms, hyn a hyn yn gorfod mynd at yr
argraffu ac wedyn sachaid o bres, yn gochion ac yn wynion, tywallt
y rheini ar y bwrdd a'u rhannu nhw, rhyw ganpunt yr un. Roedd
honno'n un o'r pethau mwya proffidiol imi sgwennu rioed! Ac
wrth edrych ar y geiriau heddiw mi fedra i glywed llais Elfed yn eu
canu nhw.

***

Mae Harri Richards, o'r Sarn ym Mhen Llŷn, yn faledwr a chanwr gwerin
o'r un anian ag Elfed:

Welais i ddim partnar mor driw erioed. Roeddan ni'n ffrindia
garw. Fyddan ni byth yn colli'n gilydd mewn steddfod. Roedd o'n
selog iawn i'r Orsedd, yn dipyn mwy selog na fi. Os bydda 'na
faled ar y maes mi fydda fo yno efo'i bastwm yn ei law, wedi dysgu
rhywun arall fel rheol. Roedd honno'n job uchel iawn ganddo fo.

Mi ges i wahoddiad ganddo fo unwaith i ganu mewn consart yn
neuadd y coleg ym Mangor. Roedd o wedi dŵad â criw o Benllys
efo fo i gadw noson ac isio i mi fynd yno efo nhw. Cyn amsar
dechra dyma fo'n deud, "Tyrd efo ni i fan hyn," ac mi bicion ni i
ryw dafarn yn ymyl. Welais i rioed beint o Guinness yn mynd i
lawr mor handi.

Mi fydda fo isio i mi fynd efo fo i ganu bron bob tro gwelwn i
o, a hynny i rwla ym mherfeddion Cymru. Roedd hi'n anodd i mi
radag hynny a finna'n dal i weithio, ond dwi 'di difaru llawar na
faswn i wedi trio mynd. Mi ofynnais iddo fo unwaith fasa fo'n
ystyried dod i bregethu yng Nghymanfa Bregethu Rhoshirwaun.
Mi ddeudodd y basa fo'n dŵad â chroeso i gymanfa fodern neu
noson werin ond doedd ganddo fo ddim diddordeb mewn cymanfa
bregethu.

Mi fu'n fy meirniadu fi lawer gwaith ar y faled a'r alaw werin. Y
peth pwysig ganddo fo oedd bod isio bod yn hollol naturiol. Ac
roedd o'n gradur fedra fod yn hollol naturiol ei hun, dyna oedd yn
dda ynddo fo. Roedd ganddo fo lais cry' ryfeddol ond mi fedra'i
wneud o'n wan ryfeddol hefyd. I mi roedd o mor wan weithia nes
mynd yn aneglur, ond mae'n siŵr mai fo oedd yn iawn.

Mi ddechreuon nhw gystadleuaeth canu baled yn Steddfod
Porthmadog a syniad Elfed oedd bod yn rhaid canu tu allan. Ro'n i
ar y pwyllgor y tro hwnnw a wnes i ddim cystadlu. Ond anghofia i
byth ganu yn Llanrwst ddwy flynadd wedyn. Argian, roedd hi'n
dymchwal y glaw ond roedd rhaid i Elfed gael cynnal y peth tu
allan. Roedd o'n mynd rownd y maes yn gweiddi nerth esgyrn ei
ben ac yn chwifio'r pastwm er mwyn perswadio pobol i wrando,
ac yn chwilio am rywle fydda'n tynnu cynulleidfa. Ond roedd hi'n
bwrw gormod o lawar. Dim ond fi oedd yn cystadlu ac yng
nghanol rhyw le bwyd y canais i yn y diwedd, efo dŵr o ryw
fargod yn diferu dros fy mhen i. Roedd pobol yn sbio'n wirion
arna 'i a doeddan nhw'n clywed 'run gair yng nghanol y sŵn glaw.

Mi oedd Elfed y creadur ffeindia welodd neb erioed, ond
wyddach chi ddim byd pryd cyrhaedda fo. Faswn i'n meddwl basa
fo wedi gneud yn iawn efo pobol Werddon achos tydi amsar yn
poeni dim ar y rheini chwaith. Mae'n chwith garw iawn gen i ar ei
ôl o, chwith garw iawn.

Croesawu Jini Angharad

Doedd diwrnod priodas Elfed Lewys ac Ann Preston ym Mlaenau Ffestiniog ar Ddydd Calan 1974 ddim yn dilyn y canllawiau arferol. Yng ngeiriau Arfon Gwilym, "Welais i 'rioed briodas debyg na chynt na chwedyn."

Yn hytrach na gwahoddiadau i unigolion fe gyhoeddwyd i'r byd fod y gwasanaeth yng nghapel Salem, a'r neithior yn neuadd yr eglwys, yn agored i unrhyw un a ddymunai ddod. Ac ategwyd hynny mewn gwahoddiad penagored ar ffurf englyn yn y cylchgrawn *Tafod y Ddraig*.

"Roedd hi'n gwbl amhosib gwneud unrhyw restr drefnus o wahoddedigion," medd Arfon. "Ar fy ysgwyddau i y syrthiodd y gwaith o fod yn was priodas, a doedd gen i ddim syniad beth i'w ddisgwyl."

Roedd yr un peth yn wir yn achos y briodferch: "Roedd o'n mynd i fod yn achlysur cyhoeddus ac roedd Elfed yn mynd ymlaen â'r trefniadau gyda'r un brwdfrydedd â phe bai o'n trefnu unrhyw noson lawen neu gyngerdd neu unrhyw beth arall," medd Ann. "Ac wrth gwrs, fel roedd Elfed wedi meddwl amdano fo, felly'r oedd y diwrnod i fod."

Doedd y ffaith nad oedd llawer o arian ar gael ddim yn esgus dros beidio daparu gwledd i bwy bynnag fyddai'n cyrraedd:

Roedd rhaid i ferched y capeli yn Sir Drefaldwyn baratoi bwydydd, a chyfrifoldeb y Blaenau oedd gwneud cawl cennin. Lobsgows oeddan ni'n gyfarwydd â fo ond roedd Elfed wedi rhoi'r rysáit ar bapur ac wrth lwc, *chef* yn y llynges oedd fy mrawd yr adeg hynny ac roedd o'n dod adre i'r briodas. Felly fo oedd yn gyfrifol am y cawl cennin 'ma nad oedd o rioed o'r blaen wedi'i

Ann ac Elfed yn dosbarthu'r cawl.

wneud yn ei fywyd. Yn anffodus, gan ei bod hi'n ganol gaea' doedd 'na ddim dŵr yn neuadd yr eglwys. Roedd eisiau gwneud y cawl y diwrnod cynt. Doedd 'no ddim trydan chwaith. Fuo raid i ni gael gafael ar hogia lleol y Bwrdd Dŵr ac mi aethon nhw i fyny'r mynydd i ryw bistyll a llenwi tancer a dod â hwnnw i lawr inni. Doedd ganddon ni ddim syniad faint o bobol i'w disgwyl, mi allai fod yn ugeiniau neu'n gannoedd. Yr unig beth oeddan ni'n wybod oedd bod raid gwneud tair llond boiler fawr o gawl. A fan'no buon ni trwy'r dydd yn plicio tatws a moron a swêj, nes bod ein dwylo ni bron yn gignoeth, achos bod y dŵr mor oer yn syth o'r mynydd. Ond mi ddaethon i ben, roedd y cawl yn barod tua deg o'r gloch y noson honno.

Yn y cyfamser roedd y priodfab i fod i aros yn nhŷ teulu'r gwas priodas yn Rhydymain. "Roedd o wedi addo cyrraedd 'tua naw i ddeg', ond roedd hi'n hanner nos arno'n dod," medd Arfon:

Ac roedd 'na lawer o waith cadarnhau trefniadau ar y ffôn eto i'w wneud. Roedd gwisgo'r dillad cywir yn bwysig iddo fo bob amser ar achlysuron cyhoeddus, er mor anodd fydda i rai gredu hynny. Doedd unrhyw grys neu dei ddim yn gwneud y tro, yn enwedig ar yr achlysur yma. Ac roedd yn rhaid iddo fo wisgo'r dillad i gyd er mwyn cael y cadarnhad terfynol fod popeth yn iawn. Mi ddwedais i Nos Da tuag un o'r gloch y bore gan wybod fod 'na ddiwrnod hir o'n blaenau, ond roedd hi'n oriau mân y bore, mae'n debyg, erbyn i Elfed orffen rhoi'r byd yn ei le.

Fore trannoeth, mi ddechreuodd y ffôn ganu'n gynnar. Roedd rhaid symud yn gyflym, ond roedd y paratoi a'r amser yn y bathrwm yn fwy nag arfer y bore hwnnw a phawb ar binnau. "Tyrd yn dy flaen Elfed" oedd hi, yn fwy nag arfer y diwrnod hwnnw.

Ro'n i yn y car yn barod i gychwyn, a'r injan yn troi ers meityn. O'r diwedd dyma fo'n dod allan trwy ddrws y ffrynt ac i gyfeiriad y car. Ond ar yr eiliad ola dyma fo'n troi'n ôl at mam, oedd yn dal i sefyll yn y drws. Roedd o isio siswrn i dorri'i ewinedd!

"Roedd y capel yn orlawn," medd Ann, "a Mam druan jest â phasio allan pan welodd hi faint oedd yno. Ac mi gafon ni ddiwrnod arbennig o dda, yr adloniant a'r sgwrsio'n mynd ymlaen tan berfeddion nos. Mae'n siŵr bod rhyw bedwar cant wedi troi fyny i gyd."

Mae cyflwr ceir Elfed yn rhan o'i chwedloniaeth, ond yn ystod y mis mêl, medd Ann, bu ond y dim iddyn nhw gael eu gadael heb gar o gwbl:

Mi aethon i'r Alban ac allan i Ynys Islay mewn car oedd ddim ffit i fod ar y ffordd, yn ôl Mam. Ac mi fu bron inni golli'r car ar y fferi. Ni oedd yr unig bobol ar y fferi, a char Elfed oedd yr unig gar, a doedd 'na neb wedi clymu'r car i lawr. Doedd 'na ddim ffasiwn beth â handbrêc arno fo wrth gwrs. Ac roedd hi'n dywydd ofnadwy o stormus. Roedd y car yn dechrau symud, ac ar y pwynt o fynd dros yr ymyl i'r môr. Ond drwy lwc mi ddaeth 'na don i godi'r cwch i'r cyfeiriad arall. Rhyw Vauxhall mawr, blêr, llwyd oedd o. Chafodd neb fynd 'na dod ar yr ynys wedyn am bum niwrnod o achos y tywydd.

Antur fwy byth oedd cartrefu yn Eirianfa, drws nesa i'r capel yn Llanfyllin, ar ôl i Elfed fyw yno fel hen lanc am dair mlynedd ar ddeg:

Wrth lwc roeddwn i wedi gweld y tŷ cyn y cyfnod hwnnw! Dwi'n

meddwl mai rhyw ddau fis o rybudd oedden ni'n ei roi i bobol ein
bod ni'n bwriadu priodi, felly roedd rhaid cael pwyllgor o
swyddogion y capel i roi rhyw fath o drefn ar y tŷ, achos roedd
Elfed wedi'i lenwi fo efo pob math o dacla. Pan es i yno gynta un
roedd hi braidd yn anodd mynd i mewn trwy'r drws ffrynt
oherwydd gêr y twmpath – y *speakers*, y *record player* hen ffasiwn
'ma a'r bocseidi o recordiau – roedd y rhain i gyd yn cael eu gadael
jest tu fewn i'r drws. Doedd dim posib gweld y staer achos roedd
'na lyfrau a phapurau newydd yr holl ffordd i fyny, casgliad tair
blynedd ar ddeg ohonyn nhw. Lle'r oedd y ffôn yn y cyntedd i fod
yn hongian ar y wal – doedd o ddim. Roedd o'n gorwedd ar
drwch o lyfrau. Roedd y stafell fyw yr un fath yn union a'r staer –
doeddwn i ddim yn siŵr oedd 'na garped ar lawr ai peidio.

Mi fu pobol y capel yn peintio a phapuro rhai stafelloedd tra'r
oedden ni ar ein mis mêl, ac wrth gwrs mi fu Hogia Penllys yn
helpu i symud y petha.. Ond be ddigwyddodd yn y pwynt yna
oedd bod petha wedi cael eu symud o'r stafell fyw a'r grisia i un o'r
llofftydd gwag, ac mi fydda'r broblem yn codi eto wrth inni symud
i Sir Benfro.

***

Ar ôl byw ar ei ben ei hun cyhyd fe gafodd Elfed lojar yn ogystal â gwraig.
Daeth Arfon Gwilym i letya yn Eirianfa ar ôl dechrau gweithio i'r *Cymro*
yng Nghroesoswallt. Ac fe welodd Arfon ochr annisgwyl yn y landlord
oedd yn enwog fel aderyn y nos: "Ro'n i'n gorfod codi tua hanner awr
wedi saith er mwyn cyrraedd Croesoswallt erbyn naw. Ac er imi brotestio
lawer gwaith nad oedd angen iddo fo godi 'run adeg a fi, roedd o'n mynnu
gwneud. Ac yn mynnu gwneud uwd i mi bob bore i frecwast!"

Ar ôl dechrau cael trefn ar y tŷ y broblem nesa oedd yr ardd oedd yn
fawr ac yn dechrau tyfu'n wyllt. Syniad Elfed oedd cael gafr i reoli pethau.

"Mi welodd hysbyseb mewn papur am afr oedd ar werth rywle'r ochor
draw i'r Trallwng a rhaid oedd cael mynd i'w gweld hi," medd Ann:

Mi gymrodd at yr hen Jini Angharad – mi enwodd hi y munud gwelodd o hi – ac roedd rhaid mynd ati i'w phrynu. Ac mi aeth un o hogia Penllys efo fo wedyn i'w nôl hi. Roedd o wedi cael gafal ar ryw gwt sinc i'w roi yn yr ardd gefn yn gartra i'r hen Jini.

Roedd hi'n un dda am fwyta popeth oedd o fewn ei chyrraedd ac yn un dda hefyd am grwydro i erddi pobol eraill, a weithiau i'r fynwent drws nesa.

Roedd gweld yr afr yn pori o flaen y Mans mewn lle hynod gyhoeddus yn destun difyrrwch mawr i holl dre Llanfyllin. Ac roedd yn rhaid i Arfon wneud ei ran:

> Roedd Elfed wedi cael gafael ar ryw hen gôt i wisgo amdano i fynd i odro, gan bod Jini'n colli ei blew yn o arw. Ac mi fu raid i minnau gyflawni'r un orchwyl yn y gôt honno ryw ddiwrnod tra'r oedd Elfed i ffwrdd, a phobol cartre Llwyn Teg y tu cefn i'r tŷ yn cael hwyl anfarwol.

Penderfyniad nesa Elfed oedd ei bod hi'n bryd cael plant i Jini Angharad. "Dyma ddechrau darllen ac astudio," medd Ann. "Ac mi benderfynodd ei fod o'n gwybodd sut i ddweud pan fydda Jini'n barod am y bwch."

Y cam cyntaf yn y broses oedd cysylltu â'i ffrind Arwyn, Tŷ Isa, sy'n cofio'r profiad yn dda:

> Dwi'n cofio Elfed a finnau'n mynd yn yr hen fan Bedford 'ma efo Jini Angharad yn y cefn. Roedd o wedi cael gafael ar fwch yn rhyw ffarm yn Ludlow, a dyma ofyn allwn i fynd â hi. Iawn – ond pryd fydda'r amser iawn i fynd â hi? Pan oedd 'i chynffon hi'n siglo, medda Lewys. Mi cawson hi i mewn i'r fan ac roedd ei chynffon hi'n clecian yn erbyn yr ochor yr holl ffordd i Ludlow.
>
> Mi gaed gafael ar y ffarm 'ma. Roedd y drewdod yn ddifrifol. A gweld yr holl wahanol fridiau. "P'run ti isio, Lewys?" "Anglo

Nubien," medda fo. Ges i wybod lot am eifr y diwrnod hwnnw. Beth bynnag, mi gafodd y bwch, ac mi rhowd hi'n ôl yn y fan. Ond roedd ei chynffon hi'n ysgwyd fel pendil wedyn yr holl ffordd adre. "Dwi ddim yn mynd yn ôl, Lewys," medde fi. Roedd Jini Angharad isie second helping.

Doedd Elfed ddim adre pan ddaeth yn amlwg bod Jini ar fin rhoi genedigaeth. A doedd gan Ann ddim syniad beth i'w wneud: "Dyma anfon SOS at Huw ac Alwena Penllwyn. Roedden ni yno fel tasa ni mewn ysbyty yn cerdded i fyny ac i lawr yn gweld yr un bach yn cyrraedd. Wedyn mi benderfynodd Elfed fod angen cwmni ar yr un fach, mi brynodd un, a cyn bo hir oedd 'na dair gafr yng ngardd Eirianfa.

* * *

Yn 1976 derbyniodd Elfed alwad i ddod yn weinidog yn ardal Tyddewi yn Sir Benfro. A'i hen ffrindiau o Aelwyd Penllys oedd yn gyfrifol am symud y pedair blynedd ar ddeg o drugareddau a oedd wedi pentyrru yn Eirianfa. Cogs oedd y fforman:

Oedd 'na gymaint o bethe'n y llofft na allet ti ddim mynd i fewn trwy'r drws. Lot o *cheques* yma ac acw, wedi'u cael nhw am bregethu flwyddyn neu ddwy ynghynt a heb gael eu cashio. Roedden ni'n mynd â nhw iddo fo ac ynta'n dweud, "Jiw fanna roedd hi! Wi wedi bod yn chwilio am y cithrel 'na."

Oedd ganddo fo bapurau newydd, am wn i bob un diwrnod ers pan gyrhaeddodd o, wedyn oedd rhaid iddo fo gael mynd drwy'r rheini cyn bod ni'n cael llosgi dim byd. Fuon ni wrthi am ddau ddiwrnod o leia. Oedden ni wedi cael syrffed ar y job. Wedyn bob hyn a hyn oedd o'n mynd ar y ffôn. A tra'r oedd o ar y ffôn roeddwn i'n lluchio nhw allan trwy'r ffenest yn bentyrrau i Huw a'u rhoi nhw ar y tân yn yr ardd. Wedyn mi fydda Elfed yn dod oddi ar y ffôn ac yn dweud, "Y jawled, ry'ch chi wedi llosgi hwn a'r llall."

Ar ôl inni orffen clirio mi aeth i chwilio am ei drwydded gyrru a methu cael hyd iddi. Roedden ni wedi llosgi honno hefyd!

"Ac yn y diwedd," medd Ann, "mi lwythwyd lori wartheg i symud y dodrefn i lawr i Sir Benfro, ac i lawr â ni fel sipsiwn efo Jini a'r ddwy arall yn dilyn mewn trelar."

Yn ôl i Sir Benfro

Capel y Bedyddwyr oedd y man cyfarfod, ym mhentre Croes-goch, ar y briffordd rhwng Abergwaun a Thyddewi. Funudau ynghynt roedd y lle'n llawn o gantorion yn ymarfer ar gyfer cymanfa. Erbyn hyn Ruth Barker, Peter Rees a minnau oedd ar ôl. Yn sydyn dyma blismon i mewn yn ei ddillad gwaith, a'i radio'n crawcian.

"Ble mae'ch car chi wedi'i barcio?"

"Mewn lle hollol gyfreithlon," meddwn innau, a 'ngwrychyn yn dechrau codi. Ond daeth y Cwnstabl Huw George i eistedd yn ein plith, ac ymuno â'r ddau arall i hel atgofion am Elfed.

O gofio mast Blaen-plwyf ac ambell antur arall, awgrymais nad oedd Elfed bob amser ar delerau da gyda'r heddlu. "Roedd e ar delerau da gyda phobol, dim gwahaniaeth pwy y'n nhw," meddai Huw. "Ond doedd e ddim bob amser ar delerau da gyda'r gyfraith."

Yn 1975 y gadawodd Elfed Lanfyllin a dod yn weinidog ar dair eglwys yng ngorllewin Sir Benfro, sef Berea, Rehoboth ac Ebenezer, Tyddewi. Un o'r pethau cyntaf a wnaeth oedd sefydlu Aelwyd yn Abereiddi, gyda Ruth, Peter a Huw ymhlith yr aelodau. Yn wahanol i ardal ei blentyndod yng Nghrymych, roedd y rhan hon o Sir Benfro yn agos at ffin anweledig y Landsker, a chadw'i Chymraeg yn frwydr nid annhebyg i'r un yr oedd newydd fod yn ei chanol yn Sir Drefaldwyn. Y gwahaniaeth oedd mai Saeson oedd yn byw dros Glawdd Offa, a'r 'down belows' y tu draw i'r Landsker. Mae'n deg dweud bod y ffin honno'n llai eglur heddiw nag oedd hi chwarter canrif yn ôl, gyda mwy o gymysgu rhwng pobl o'r naill ochor, ac addysg Gymraeg yn cynyddu'n gyflym yn ne Sir Benfro.

Pan ddechreuodd y sgwrs fynd i'r cyfeiriad hwnnw ymateb y triawd oedd canu cân. Er mai tôn y garol 'Ar Gyfer Heddiw'r Bore' oedd hi, cân Plethyn am Bentre Llanfihangel oedd yn dod i'r meddwl. Elfed a rhai o griw Aelwyd Abereiddi a sgrifennodd y geiriau, a gyda'i seicoleg arferol roedd wedi argyhoeddi'r aelodau mai Plethyn oedd wedi benthyca eu cân nhw:

Wedd hi'n wêr y gaea leni, wedd hi'n wêr, wedd hi'n wêr,
Wedd hi'n wêr wrth seto tato, wedd hi'n wêr.
Wedd hi'n wêr ar amser codi, wedd hi'n wêr wrth fynd i'r
  gwely,
Wedd hi'n wêr wrth dreio cwsgu, wedd hi'n wêr,
Wedd rhy wêr i fentro caru, mowredd wedd hi'n wêr.

Daeth bachan lawr o'r Gogledd i wlad hôm briw, i wlad hôm
  briw,
Gofynnodd a gâi brofi yr hôm briw,
'Rôl profi blas y dablen, cymrodd swigen ar ôl swigen,
Cyn bo hir roedd ar ei gefen 'rôl hôm briw, 'rôl hôm briw,
Aeth i gwsgu ar ben domen, watsiwch yr hôm briw.

Mae tato mowr anferthol down below, down below,
Mae tanciau'r *German Army* down below,
Mae corgwns heb un cwte, BP a Shell ar y Cledde,
A'r tacle a'u Wei Hei Boi, down below, down below
Ond wes rhyw iaith glwmbwredd, down below.

Fe ddaeth Ruth Barker, fel Linda Healy, yn gantores adnabyddus ymhell tu hwnt i'w hardal ei hun. Er bod y llais a'r ddawn yno'n barod mae hithau'n bendant na fyddai wedi datblygu fel y gwnaeth oni bai i Elfed ddod yno'n weinidog. Roedd hi'n synhwyro, yn ei oedfa gynta, na fyddai'r ardal byth yr un fath wedyn:

Dyma fe'n dod miwn ar garlam, yn hwyr, un llaw yn mynd lan i drio twtio'r gwallt hir 'ma wrth iddo fynd am y pwlpud. Tei coch, côt frethyn frown, trowser gwyrdd, a falle crys glas. Roedd y rhan fwya' o aelodau Beriah dros eu hanner cant ac fe allech chi deimlo'r awyrgylch yn newid wrth iddo fe ddod miwn. Ond siwrne ddechreuodd y llais... roedd e mor annwyl. Roedd fel 'sa fe wedi bod gyda ni ers blynydde, fel 'sa fe'n nabod ni i gyd. Roedd pawb yn gartrefol iawn yn ei gwmni fe o'r diwrnod cynta.

Ond doedd hi ddim yn ddigon i Elfed jest nabod pobol. Roedd rhaid *gwneud* rhywbeth. Roedd 'na dŷ capel a festri ar bwys Beriah ac roedd rhaid cwrdd yn y festri bob nos Fercher ar gyfer dawnsio gwerin. Hynny i bobol o bob oed, er nad oedd neb o'n haelodau ni wedi gwneud unrhyw ddawnsio gwerin erioed o'r blaen. Roedd hi'n mynd yn gawlach llwyr wrth iddo fe ddysgu'r stepiau i ni ac roedd llawer mwy o chwerthin na dawnsio. Ond dyna fe, roedd gydag e ffordd o ofyn i bobol wneud pethe ac allech chi byth â gwrthod.

O hynny wedyn y dechreuodd Aelwyd Abereiddi. Wy'i ddim yn gwybod sut ond fe ddaeth i nabod llawer o blant a phobol ifanc yr ardal, ac yn fuan iawn roedd 'na lawer ohonyn nhw'n dod i'r Aelwyd. Fe ddechreuon ni gystadlu yn steddfodau'r Urdd. A dyna pryd dechreuais innau sgrifennu caneuon.

"Fe sgrifenni di gân nawr," medde fe.

"Sa'i wedi sgrifennu cân erioed," wedes i.

"Meddylia di am y peth," medde fe.

A sgrifennais i gân i'r Caribî, a gyrhaeddodd ffeinals *Cân i Gymru*. Enillodd hi ddim, ond dyna oedd y dechreuad. Fe siaradodd e wedyn gyda Dafydd Iwan a Hefin Elis yn Sain, fe halodd e dâp iddyn nhw, a dyna sut daeth y record gynta'.

Yn y dyddiau hynny roedd Porthgain, hen bentre chwarelyddol ar lan y môr ryw ddwy filltir o'r Groes-goch, yng nghanol brwydr gafodd sylw cenedlaethol, yn rhannol oherwydd cân arall gan Ruth Barker:

Roedd y cwmni oedd yn berchen y gweithfeydd ym Mhorthgain wedi agor rhyw ffeil ryw fore ac wedi sylweddoli mai nhw oedd yn berchen y stryd fach yn y pentre ynghyd â hynny o weithfeydd oedd ar ôl. Y Sheffield Brick Company oedden nhw ac fe benderfynon nhw werthu'r pentre. Roedd pobol leol yn dal i dalu hanner coron o rent a chwe cheiniog ychwanegol os oedd gardd gyda chi. Fe benderfynodd y cwmni eu bod nhw eisiau tamed bach mwy o arian na hyn o'r lle, ac fe roion nhw'r pentre ar werth trwy dender. Ac er nad nhw oedd wedi cynnig y pris uchaf fe gafodd pobol Porthgain y pentre yn ôl iddyn nhw'u hunain. Roedd Elfed wrth gwrs yn ei ogoniant gyda rhywbeth fel 'na. Ymladd yn erbyn y *big man*. Fe sgrifennais innau'r gân *Porthgain*, a fyddwn i byth wedi gwneud hynny oni bai i Elfed fy mherswadio i sgrifennu'r 'Caribî' yn y lle cynta'.

Dan ddylanwad Elfed hefyd y dechreuodd Peter Rees berfformio'n gyhoeddus, ac mae'n dal i ganu ac arwain nosweithiau:

Roeddwn i'n byw yn Dinas ar y pryd, ar ffarm. Fe ddechreuodd Elfed un o'r cymanfaoedd modern cynta', ym Maenclochog, a chael criw ohonon ni i gymryd rhan. Roeddwn i'n chwarae gitâr ac Elfed yn arwain. Roedd e wrth ei fodd gyda'r bobol ifanc yn gwneud pethau fel'na.

O'r foment y dechreuodd Aelwyd Abereiddi gyrraedd llwyfannau cenedlaethol nhw oedd popeth i Elfed, hyd yn oed os bydden nhw'n cystadlu yn erbyn Penllys. Ac roedd y technegau cystadlu a oedd wedi cael eu perffeithio ym Maldwyn yn cael eu defnyddio yn Sir Benfro.

"Rwy'n cofio ni'n cystadlu ar y llwyfan, a Hywel Gwynfryn neu rywun yn dweud wrth y gynulleidfa mai ni fyddai'r nesa," medd Huw:

Dyma Elfed yn mynd ar y llwyfan i symud meic. Dweud wrtha i wedyn, "Cer lan a symud e 'nôl." Dweud wrth rywun arall wedyn am ei symud e i rywle arall. A'r syniad oedd ein bod ni'n cael gweld pwy oedd yno a blasu'r awyrgylch. Erbyn ein bod ni ar y llwyfan wedyn roedden ni'n eitha cartrefol. Fyddech chi ddim yn dysgu rhywbeth fel yna mewn ysgol.

Ond ei ddylanwad mwyaf ar Huw George oedd ei helpu i ddewis gyrfa. Mae'n weinidog yn ogystal â phlismon. Efallai na fu Elfed yn llawer o help gydag un o'r galwedigaethau, ond bu'n batrwm ar gyfer y llall:

Ro'n i'n sefyll ar bwys y banc ar y sgwâr yn Nhyddewi ac roedd Elfed yno. "Dere 'ma," medde fe. "Wyt ti wedi meddwl mynd i'r weinidogeth?"

Pan bregethais i fy mhregeth gynta yn Seion ar bnawn Sadwrn dim ond un oedd yn y gynulleidfa. Elfed. Fe ddechreuodd e yn y sêt fawr, wedyn aeth i eistedd yn y cefn, wedyn lan lofft... i wrando ar y bregeth. A wedyn y cyngor ges i ar y diwedd oedd i gofio un cwpled, 'Mae nos a Duw yn llawer gwell na golau ddydd a Duw ymhell.' A'i neges e oedd mai pobol oedd yn bwysig, nid adeilad nac eglwys ond y bobol. Os oedd pobol yn dod i'r capel, popeth yn iawn, ond doedd e ddim yn rhoi pwysau arnyn nhw. Yr hyn oedd yn bwysig oedd llawnder bywyd.

Pan ddechreuodd e'r Aelwyd, fe ddwedodd Mam a Dad wrtho i, "Mr Lewys yw e." Ond os oedd rhywun yn galw Mr Lewys arno fe doedd e ddim yn ateb. Elfed oedd e. A dyna un o'r gwersi pwysica' dwi wedi'u dysgu erioed. Nid rhywun ar bedastl bant ymhell oedd e. Nid gweinidog, nid canwr baledi, nid arweinydd ieuenctid, ond fe'i hunan. Elfed oedd Elfed.

Daeth e i wasanaeth cymundeb yn Ebenezer un nos Sul mewn *donkey jacket* a *boots*, a doedd neb yn synnu. Achos Elfed oedd Elfed. Nid beth wyt ti'n wisgo sy'n bwysig ond pwy wyt ti. Roedd e'n dysgu rhyw wersi fel 'na. Doedd dim isie iddo fe ddweud dim byd, roedd e'n creu rhyw ddylanwad.

Syniad Elfed hefyd oedd galw criw o bobol yr ardal i festri capel i gychwyn papur bro, *Pentigili*.

"Yn anffodus dyw e ddim yn dal i fynd nawr ond fe wnaeth les mawr i'r Gymraeg yn yr ardal yma," medd Ruth Barker. "Dyna'r profiad cynta o ddarllen Cymraeg i lawer yn yr ardal. Fydden nhw byth yn mynd mas i brynu papur newydd Cymraeg arall, ond roedd rhaid darllen *Pentigili*."

Un o'i arferion ym mhob ardal oedd mynd â phobol ar daith bws i ardaloedd eraill o Gymru, gan roi cyfle iddo yntau ailgysylltu â hen ffrindiau. Roedd Llanfyllin a Dolwar Fach ymhlith y mannau mwya' poblogaidd.

"Roedd gydag e ryw stori am bob cornel oedd ar y ffordd," meddai Ruth. "Roedden ni'n cael yr hanesion i gyd ganddo fe ar y ffordd lan, ac wedyn ar y ffordd 'nôl pan fyddai'r plant bach yn dechrau blino fe fydden ni'n cael cwis i weld faint oedden ni'n gofio, i gadw pawb ar ddihun."

Ac ar adael ardal Tyddewi, doedd y cysylltiad hwnnw chwaith ddim i'w golli.

"Y tro dwetha weles i fe roedd e'n pigo sbrowts yn Asda Llanelli," meddai Huw. "Yr un hen ffordd o gyfarch rhywun. Y fraich yn dod mas. 'Shwd wyt ti bachan?' Fe gafon ni sgwrs ryfeddol y diwrnod hwnnw."

"Dyna'r peth da ynglŷn ag e," meddai Peter. "Roedd e yn rhyw sioe yn Crymych, Teyrnas Wâr, ac fe ffoniodd e i ofyn i mi a Granville John ddod gydag e i chwarae'r Tri Gŵr Doeth. Fel ffarmwr wy'n arfer codi'n weddol gynnar ond os byddai'r ffôn yn mynd am hanner awr wedi unarddeg ro'n i'n gwybod mai Elfed oedd e, yn siarad fel tase hi'n hanner dydd. Roedd e'n ffrind i bawb."

"Rwy'n credu iddo gladdu mwy o bobol yn yr ardal yma ar ôl iddo fe adael na wnaeth e cyn hynny," meddai Ruth. "Roedd e'n meddwl am bawb fel ei hen ffrindiau ac yn barod iawn i ddod i gladdu'n hanwyliaid ni, heb boeni am amser na phellter."

Ac mae'r tri o'r farn y byddai'r rhan hon o Sir Benfro yn wahanol iawn heddiw oni bai am y chwe blynedd a chwarter a dreuliodd Elfed yn weinidog yma.

"Ar ôl i Elfed symud o'r ardal fe ddaeth Huw yn bregethwr ac yn arweinydd tebyg iawn iddo fe," meddai Peter. "Mae digon o dalent yn yr ardal hon – ardal Ruth, Meic Stevens a sawl un arall. Ond roedd cael arweinyddion yn bwysig."

"Yr hyn yr oedd Elfed yn ceisio'i wneud i ni fel Cymry ifanc oedd ein cael ni i werthfawrogi pwy oedden ni," meddai Huw. "Fe oedd yn cadw Cymreictod y fro mewn cyfnod argyfyngus. Ble fyddai'r Gymraeg yn y cylch hwn heddi oni bai am yr hwb ddaeth trwy'r Aelwyd a thrwy *Pentigili* a thrwy'r hyn oedd Elfed yn ei wneud yn y capeli?"

Ac meddai Ruth: "Tra bydda i'n canu, a Huw'n pregethu, a Peter yn arwain corau ac eisteddfodau a chyngherddau, bydd Elfed byw."

***

"Roedd 'na bobol gyfeillgar dros ben yn Sir Benfro," medd Ann. "Roedd o'n symudiad da o'm rhan i achos roedd Elfed yn gymaint rhan o bethau oedd yn digwydd yn Sir Drefaldwyn, doedden ni ddim yn gwneud llawer o ddim hefo'n gilydd rywsut. Er imi wneud ffrindiau oes yn ardal Llanfyllin roedd hi braidd yn anodd i fynd i fewn i ganol pethau. Roeddan ni rŵan yn cychwyn cyfnod newydd a'i gychwyn o efo'n gilydd."

Ond bu hefyd yn gyfnod o brofiadau blin. Bu Ann yn feichiog ddwywaith, a cholli'r ddau fabi ar ôl pum mis. Oherwydd hynny a phrysurdeb Elfed, methwyd â rhoi gofal iawn i'r geifr yr oedd y ddau'n meddwl cymaint ohonynt, a bu'n rhaid cael gwared â'r tair dan amgylchiadau annifyr. Bu'r problemau hynny'n straen ar y briodas ac yn achos iddynt adael Sir Benfro yn gynt nag y bwriadwyd.

"Ond anghofia i mo'r croeso gawson ni yn Sir Benfro," medd Ann, "ac mae 'na ffrindiau yno y baswn i'n gallu troi fyny ar eu stepan drws nhw fory a bod yn siŵr o'r un croeso."

Cardis

Mae yna sawl profiad ym mywyd Elfed y byddai'n anodd eu dychmygu'n digwydd i neb arall. Ymhlith y rhyfeddaf o'r rheini mae stori am ddarn o ddodrefnyn pren.

Yn 1980 fe gafodd alwad i fynd yn weinidog yn ardal Ffostrasol yn ne Ceredigion ac aeth Ann ac yntau i fyw i dŷ o'r enw Llaindelyn yn ardal Croes-lan, ar y ffordd o Landysul i'r gogledd. Yn fuan ar ôl cyrraedd bu Elfed yn wael am rai wythnosau. Ymhlith eu cymdogion newydd roedd Ieuan Tobias a'i wraig Ray, a oedd yn cadw siop a swyddfa bost ac yn gwerthu petrol. Mae Ann yn cofio un digwyddiad yn neilltuol:

Roedd Ieuan yn garedig iawn wrth Elfed ac yn dod â phapurau newydd a choed tân iddo fo i'r tŷ tra'r oedd o'n sâl. Ar ôl iddo wella dipyn mi aeth draw at Ieuan a gofyn "Oes ganddoch chi dipyn o goed tân imi eto?" Drwodd â nhw i'r cwt lle'r oedd y coed, a be oedd yno ond haid o focsus tomatos oedd wedi cyrraedd y siop. Mi fydda Ieuan yn eu defnyddio nhw i gadw tatws had ac wedyn eu torri'n goed tân.

Yng nghanol y rhain roedd 'na un bocs nad oedd o ddim yn focs tomatos. Rywsut neu'i gilydd mi welodd Elfed y bocs hwnnw, a sylwi nad bocs oedd o ond drôr. Roedd Ieuan ar fin ei godi fo a'i dorri'n goed tân a dyma Elfed yn gweiddi, "Beth yw hwnna?" "Rhyw ddrâr godais i ar y ffordd yma flynyddoedd yn ôl," medde Ieuan. "*Hold on!*" medde Elfed. "Drâr fy nhad-cu yw honna!"

A dyma fo'n dweud fel roedd o wedi mynd i dŷ ei dad yng Nghefneithin, flynyddoedd ynghynt pan oedd o yn Llanfyllin, i nôl y *chest of drawers* yma. Un mahogani neis, ond erbyn iddo gyrraedd

roedd hi'n edrych yn unllygeidiog – roedd o wedi colli un drôr yn
rhywle ar y ffordd. Am flynyddoedd wedyn wrth deithio'r un
ffordd mi fyddai Elfed yn stopio yma ac acw i holi oedd rhywun
yn gwybod rhyweth am y drôr, ond doedd dim sôn amdani. A
rŵan ar ôl yr holl flynyddoedd mi gwelodd hi yng nghwt Ieuan
Tobias ac mi fu ond y dim iddo'i chael hi'n ôl yn goed tân.

Dwi ddim yn meddwl bod Ieuan yn llawn gredu ar y dechrau
mai'r drôr honno oedd hi ond mi aeth ati i'w glanhau hi a dod â hi
i'n tŷ ni. Dyma ni i fyny i'r llofft at y chest of drawers ac roedd
hi'n ffitio'n berffaith. Doedd dim amheuaeth wedyn mai honno
oedd hi. Roedd rhaid cael saer i'w hadfer hi i'w chyflwr
gwreiddiol ar ôl bod yn y sied am o leia' ddeng mlynedd.

**

Daeth Emyr Davies, saer maen o Ffostrasol, yn un o brif ffrindiau Elfed yn
yr ardal. Galwais i'w weld yn ddirybudd ar bnawn Sul, a chael llond drâr o
atgofion:

Roedd ei eglwysi fe yn Bwlch-y-groes ger Ffostrasol, Horeb sy'n
nes at Landysul, a Gwernllwyn, tair eglwys o fewn rhyw filltir i'w
gilydd. Roedd hyn yn gyfleus iawn iddo fe fynd gyda'i gar, nad
oedd e ddim yn mynd bob amser. Fe allai ffri-wilo o'r mans i'r
ddau gapel arall! Doedd dim un car yn cael gwasanaeth gydag e.
Roedd e'n cael mynd nes bod e'n gorffen.

Rwy'n cofio amdano fe'n dod yma i gael cinio pan oedd e'n
dod i weld yr ardal y tro cynta. Roedd ein mab ni bryd hynny'n
ddwy oed. Dyma ni'n eistedd wrth y ford i gael cinio ac Aled yn
edrych yn syn arno fe. Y diwrnod hwnnw roedd e'n gwisgo clogs
am ei draed, a'r gwallt hir a'r wisgars 'ma. A dyna i gyd ddwedodd
y mab oedd "Drycha'r dyn a'r blew 'na!" Doedd e rioed wedi
gweld ffasiwn beth. Ond wrth gwrs roedd Elfed wrth ei fodd.

Am tua'r mis neu ddau cynta' roedd e'n sâl ac yn gwneud fawr o
ddim. Ond wedi hynny fe fwrodd ati. Rwy'n cofio rhyw ddrama'r

Geni gydag e, weles i ddim y fath beth erioed! Fe wnaeth i ni berfformio'r ddrama i gyd mewn tywyllwch, a *torches* gyda ni. Y plant a'r cyfan, criw mawr ohonon ni... Rhywbeth hollol wahanol i bawb arall.

Roedd traddodiad y canu Plygain yn agos iawn at ei galon e ac roedd e'n mynd ati i geisio'n dysgu ni. Doedd dim traddodiad Plygain yn yr ardal yma fel yn Sir Drefaldwyn. Ond roedd e'n dal ati. Fe ffurfiodd e gôr y tadau a'r meibion, roedd yn rhaid i bob aelod fod yn dad neu'n fab i aelod arall. Roedd e'n arbennig o falch o'r côr 'ma. A fe ddwedodd wrthon ni un diwrnod, "Mae Plygain i'w gael ym Mhenrhyn-coch ac mae'n rhaid inni fynd lan." Doedden ni ddim digon da, yn un peth. Ond roedd rhaid inni fynd, mewn *minibus*. Chawson ni fawr o amser i baratoi, dim ond cael practis yn y bws ar y ffordd lan, ac i ffwrdd â ni!

Fe aeth tri ohonon ni gydag e i Blygain Llanfihangel-yng-Ngwynfa yn Ionawr. "Dewch lan gyda ni bois, mae'n dechrau am chwech," medde fe, ac roedd hi'n bedwar bryd hynny. Mi ddiflannodd wedyn am ryw hanner awr, cyn dod yn ei gar. Mae'n anodd credu'r peth ond fe aethon ni o Ffostrasol i Fachynlleth, sy'n dipyn o bellter, mewn tri chwarter awr a chyrraedd Llanfihangel erbyn chwech.

Fe ddechreuodd e Aelwyd yma – Aelwyd Cwm Cerdin, ac fe aethon nhw'n syth i Steddfod Genedlaethol yr Urdd yn Abergele. Doedd y rhan fwya ohonyn nhw erioed wedi bod ar lwyfan o'r blaen. Roedd gyda nhw gyflwyniad llafar o ryw ddeng munud ac fe ddaethon i'r llwyfan yn erbyn aelwydydd fel Caerdydd a llefydd fel'na. Ac fe enillon! Pobol hollol ddibrofiad ond bod Elfed wedi'u drilo nhw. Pob cam a phob symudiad yn ei le, ac fe syfrdanwyd y gynulleidfa. Pobol yn holi, "Pwy yw'r rhain 'te?" A rhai'n sylweddoli bod stamp Elfed yn amlwg ar y rhain.

Aros yn rhyw ysgol yr oedden ni yn y Steddfod, ac Elfed a finnau ac un arall yn cysgu yn yr un stafell. Roedden ni'n siarad tan dri o'r gloch y bore, ond pan benderfynon ni fynd i'r gwely roedd rhywun wedi mynd â'r dillad i gyd. Roedd hi'n noson oer, a beth wnaeth Elfed ond tynnu'r cyrtens i gyd oddi ar y ffenest ac fe gysgon ni'n tri yn y cyrtens drwy'r nos.

Dwi'n cofio mynd i'r Steddfod Genedlethol yn Abertawe ac roeddwn i a chyfaill o'r pentre yn cysgu mewn fan. Y diwrnod cynta fe welon ni Elfed. "Ble chi'n aros bois?" medde fe. "Mewn fan." "Rwy'n dod gyda chi," medde fe. Roedd y fan yn iawn i ddau ond doedd dim llawer o le i dri. Ond yn y fan gyda ni y buodd e, yn hollol gysurus. Un noson, roedden ni'n cerdded ar hyd y stryd yn Abertawe a dyma ni'n cwrdd â Robyn Léwis, y cyfreithiwr. "Ble 'rydach chi'n aros?" medde fe wrth Elfed. "Mewn hotel ar y ffrynt," oedd ateb Elfed.

Roedden ni'n dathlu cant a hanner o flynyddoedd yr achos yma yn Ffostrasol. Fe benderfynodd fod yn rhaid i bawb wisgo dillad y cyfnod hwnnw ganrif a hanner yn ôl. Cerdded wedyn o ryw fferm fach ble'r oedd yr achos wedi dechrau, lan i'r capel, a chanu yn yr hen ffordd. Roedd e wedi mynd i mewn i'r peth yn fanwl fanwl ac roedd e wrth ei fodd.

Cofio wedyn Steddfod Machynlleth. Roedden ni'n bwriadu mynd i gyngerdd yn y nos ond roedd y tocynnau i gyd wedi mynd. Ond dyma Elfed yn dod aton ni i'r garafan ac yn tynnu dwsin o docynnau mas o'i boced, wedi eu cael nhw gan hwn a'r llall. Dyma fynd i'r cyngerdd, ac Elfed gyda ni. Ond erbyn i ni gyrraedd y pafiliwn roedd y drws wedi cau a'r cyngerdd wedi dechrau. Roeddwn i'n meddwl ei bod hi ar ben arnon ni fynd i mewn.

"Dewch gyda fi," medde fe. Ac fe aethon ni mewn o dan y llwyfan a dod mas reit yn y seddi blaen. "Fe steddwn ni fan hyn," medde fe. "Rwy 'i wedi gwneud hyn lawer gwaith o'r blaen." Roedd e'n gwybod ei ffordd fel rhyw dwrch daear o dan y llwyfan, ac yn y seddi blaen y buon ni tan y diwedd.

Roedd yn golled ofnadwy pan aeth e o'r ardal. Ond wedi iddo fe symud i Lanelli fydda fe'n ffonio ac yn dweud, "Dwi'n beirniadu lan yn Sir Drefaldwyn. Oes bosib cael cysgu noswaith?" Roedd e'n dod heibio tua thri o'r gloch y bore ac fe fydden ni'n gadael y drws ar agor iddo fe. Doedd amser yn golygu dim yw dim.

Roedd e'n hoffi mynd rownd y sêls 'ma a phrynu'r annibendod

rhyfedda. Dwi'n cofio mynd gydag e i nôl organ. Doedd hi ddim
yn gweithio ond eto roedd rhaid ei phrynu hi. Roedd e'n prynu
llyfrau wrth y bocseidi a'u cadw nhw yn y car, yn y garej, yn y tŷ
ac ym mhob man. Llyfrau ar bob testun o dan haul, roedd Elfed yn
eu crynhoi nhw. Pan symudodd e o'r fan hyn i Lanelli fe es i â
llond fan, sy'n cario rhyw dunnell, i lawr i Landysul. Ac maen
nhw'n dal yno!

   Pan aethon ni ati i glirio'r tŷ yn fan hyn fe gadwyd Elfed yn y tŷ
ac roedd 'na dân am dri diwrnod yn yr ardd!

∗∗∗

   Roedd Rhys Thomas, Ffostrasol wedi cael un siom yn y teyrngedau i
Elfed ar ôl ei farw:

Doedd dim llawer ohonyn nhw'n sôn amdano fe fel pregethwr. Ac
mae hynny'n drueni. Roedd e'n werth gwrando arno fe bob dydd
Sul. Chlywais i mono fe'n codi testun a thri phen fel pregethwyr
eraill. Ond roedd e'n eich tynnu chi i wrando arno fe. Roedd e'n
pregethu'n rhwydd iawn, doedd pregethu'n ddim trafferth iddo fe.
Ond roedd nodiadau gydag e ambell waith, ar ddarnau bach o
bapur. Roedd e'n defnyddio hen docynnau Gŵyl y Cnapan i'r
pwrpas hwnnw. Sgrifennu ar gefen y tocynnau, ac roeddech chi'n
gallu nabod y flwyddyn oddi wrth y lliwiau.
   Roedd e'n arbennig o dda mewn angladd, yn talu teyrnged a
darlunio pobol. Gwneud hynny mewn llais tawel. Fe ofynnodd
rhywun iddo fe unwaith pam nad oedd e'n siarad yn uwch. Ond
rhywbeth i'r teulu oedd angladd, medde fe. Dim ond eu bod
nhw'n ei glywed e, hynny oedd yn bwysig.
   Fe fues i gydag e lawer tro mewn cymanfaoedd. Teithio cyn
belled â Llanrhaeadr ym Mochnant. Roedd e'n fachan strict iawn
wrth arwain cymanfa. Rhoi gwaedd ar y gynulleidfa – "Rwy'n
siŵr bo' chi'n gallu canu'n well na hynna."
   Rwy'n cofio mynd gydag e un noswaith yn y car i Heol Awst,

Caerfyrddin. Roedden ni'n ddiweddar yn cychwyn ac ar hast mawr. Fe ofertecodd Elfed gar pan oedd car arall yn dod i gwrdd ag e. Roedd y dyn yn y car arall yn aelod yn ei gapel e yn Bwlch-y-groes. Fe ofynnodd hwnnw i mi'r diwrnod wedyn "Ydych chi, Rhys, wedi insiwro'ch bywyd yn ddigon uchel? Fu bron i'r gweinidog ein lladd ni neithiwr."

Roedd e'n dod heibio bob Nadolig gyda rhyw ugain o gardiau Nadolig. Dod â nhw i gyd i mi a gofyn, "Ydych chi'n fodlon bod yn bostman 'leni eto?" Fe gollais i hynna Nadolig dwetha...'

Pan oedd e'n cael ei sefydlu yma yn Ionawr 1980 rwy'n cofio'r diacon hyna' oedd gyda ni yn dweud, "Rwy'n gobeithio bydd Elfed yma'n ddigon hir i 'nghladdu i." Mae e newydd ddathlu'i ben blwydd yn 98. Mae Elfed wedi mynd o'i flaen e.

Actio Lloyd George

Roedd hi'n ddydd Sadwrn y pantomeim blynyddol yn Theatr Felinfach. Yn ôl yr arfer roedd yna dri pherfformiad. Ond y tro hwn fe ddigwyddodd y pantomeim gorau *rhwng* yr ail berfformiad a'r trydydd. Elfed, wrth gwrs, oedd y seren. Y cynhyrchydd, Euros Lewis, fu'n dweud yr hanes:

> Pan oedd Elfed yn mynd i'r llwyfan ambell waith roedd e'n gwisgo *contact lenses* yn lle sbectol. Yn ystod yr awr a hanner rhwng yr ail a'r trydydd perfformiad mae 'na draddodiad ein bod ni i gyd yn mynd i westy cyfagos, Tyglyn Aeron, a chymryd y lle drosodd i gael bwyd a pheint bach cyn dod 'nôl i wneud y sioe olaf. Ar ddiwedd y pryd bwyd y diwrnod yma dyma Elfed yn galw am ddistawrwydd, fel y bydda fe, ac yn cyhoeddi 'i fod e wedi colli un *contact lens*. Roedd pawb yn y gwesty ar eu penliniau yn chwilio ac fe ddaeth perchennog y gwesty â *searchlight* mewn o'r ardd i sganio'r carpedi, ond doedd dim hanes o'r *contact lens*.
>
> Yn y diwedd roedd rhaid mynd 'nôl i'r theatr ar gyfer y perfformiad ac Elfed ddim yn gwybod sut ar y ddaear y galla fe berfformio a ddim yn gweld fawr ddim trwy un llygad. Roedd e'n poeni am y balans ac yn ofni bydda fe'n bwrw mewn i bethau, ac roedd e wedi hala pawb arall i hwyliau drwg. Ryw funud cyn inni fynd ar y llwyfan roeddwn i'n cael pawb mewn i stafell jest i gael un gair bach i gadw disgyblaeth a chodi hwyl. Roedd hanner cant o bobol 'na, ond dim Elfed. Yn sydyn reit, dyma Elfed mewn yn wên o glust i glust. Roedd e wedi ffendio'r *contact lens* – yn ei lygad. Roedd hi wedi bod yno trwy'r amser!

Portreadu Lloyd George gyda chriw Felinfach.

Pan ddaeth e i fyw yma gynta fe aeth e ati i wneud cysylltiadau a gweld beth oedd yn digwydd o'i gwmpas e yn ddiwylliannol ac yn gymdeithasol. Fe ddaeth e lan i Felinfach i weld y pantomeim. Edrych arno fe o'r gynulleidfa yn gynta', a dod â llond bws gydag e. Dod yn ôl wedyn gyda sylwadau ar beth oedd e wedi'i weld. Doedd e ddim yn edrych arno fel y byddai beirniad drama yn gwneud, ond fwy fel addysgwr cymdeithasol. Wedyn fe fydda fe'n cynnig syniadau. Roedd hi'n gam naturiol wedyn i ni ganfod rôl iddo fe, ac roedd hi'n amlwg bod gydag e lawer i'w gyfrannu fel actor.

Fel gyda phopeth arall roedd e'n gwneud pethau'n wahanol i bawb. Ond yn y bôn beth fyddai'r Americaniaid yn ei alw'n 'method actor' oedd e. Rhywbeth cynhenid oedd hyn i Elfed. Ond yn y bôn roedd e'n eitha' tebyg i rai o'r actorion hyn sy wedi bod yn rhan o'r traddodiad drama yng nghefn gwlad Cymru.

Ry'n ni gyd yn gwybod person mor flêr oedd Elfed gyda llawer o bethau. Rwy'n cofio mynd lan i'w dŷ e yn Groeslan unwaith ac roedd 'na dair set deledu ymlaen ar yr un pryd. Roedd criced ymlaen ar un ond dim sŵn. Roedd y sŵn ymlaen ar y llall ond dim llun. Ac roedd newyddion ITV ymlaen ar y drydedd. Ond pan oedd hi'n fater o baratoi i wisgo i fynd ar y llwyfan roedd popeth yn drefnus. Popeth yn ei le.

Doedd neb yn gwybod hynny'n well na Gwenfydd James, meistres y gwisgoedd yn Felinfach. Ond roedd ei hymdrin cynta' ag Elfed yn dipyn o brofiad:

Pan ddes i yma gynta yn '89 roedd e'n newid o 'mlaen i – yn sefyll yno yn 'i bants! Newydd ddechre roeddwn i, ond doedd Elfed yn becso dim. Ond fe roddodd e fi ar fy ngyrfa, dangos beth oedd i ddod.

Roedd wastad ffys gydag e am ei ddillad. Ond y peth cynta i wneud gydag unrhyw gymeriad oedd dewis sgidie. Roedd e'n moyn cael naws a teimlad shwd oedd e'n cerdded ar y llwyfan. Rwy wedi dweud hynny wrth lot o actorion wedyn, rhaid cael teimlad y traed yn iawn cyn dechre meddwl am y wisg. Ond roedd casgliad rhyfeddol o ddillad gydag e hefyd. Mae siŵr fod ugain o'i wasgodi rib e yn y theatr 'ma nawr, fe roddodd Nan ac Eifion nhw i'r theatr ar ôl iddo fe farw.

Er bod parch mawr iddo yn y theatr roedd amryw, medd Euros, "yn credu'i fod e off ei ben":

Mi fyddai'n canu caneuon i mi ar y ffôn, nid rhyw un pennill ond deuddeg neu fwy. Finna'n gorfod dal y ffôn hyd braich o fy nghlust a'r staff o gwmpas yn edrych yn syn. Ond yn ogystal â'i ddawn fel perfformiwr roedd e'n cyfrannu mewn ffyrdd eraill. Un elfen oedd ei gonsýrn e am bobol. Os oedd angen help neu gefnogaeth ar rywun roedd Elfed yn gallu gweld hynny. Roedd yr elfen fugeiliol yna trwy'r amser. A'r peth arall oedd ei broffesiynoldeb e. Roedd lefel ei ddisgyblaeth yn batrwm, ac fe fûm i'n ei gyflogi fe i drosglwyddo hyn i gwmnïau ieuenctid.

Fe gafodd ei gastio un flwyddyn fel Lloyd George, ac roedd y peth bron yn ddychryn – roedd rhywun bron yn credu mai Lloyd George oedd e! Yn gorfforol, roedd e'n debyg o ran maint a hefyd o ran y myth '*Welsh Wizard*' yma, roedd 'na dipyn o'r dewin yn Elfed a hynny i'w weld yn y llygaid. Roedd e hefyd wedi ffysian cymaint gyda'r wisg – wedi astudio llwyth o luniau – ac wedi troi'i wallt, oedd yn dipyn o ffliwch p'run bynnag, yn wallt Lloyd George. Ond bydde'r pethe allanol yna wedi disgyn yr eiliad roedd e'n agor ei geg oni bai ei fod e wedi astudio cymaint ar gymeriad Lloyd George a bod y cymeriad hwnnw'n codi rywle o'r tu fewn.

Ar ôl iddo fe symud i Lanelli roedd e'n dal i alw yma'n aml. Byddai'n dod yma yn ystod y tair wythnos o sgwennu ar ddechrau'r cynhyrchiad ac roedd e'n cyfrannu llawer hyd yn oed pan oedd e ddim yn cymryd rhan ar y llwyfan.

Fues i'n cyfeilio gydag e yn rhai o'r cymanfaoedd cyfoes 'ma roedd e'n eu trefnu. Roedd e'n defnyddio baton wrth arwain ac ambell waith fe fydde'n dweud stori am y baton wrth y gynulleidfa. Baton ei dad-cu medde fe, ac roedd ei dad-cu wedi cerdded milltiroedd yn cario'r baton ar ôl diwrnod caled o waith, i arwain cymanfaoedd yn ardal Blaen-y-coed. Roedd e'n gosod rhyw arwyddocad cyfriniol bron ar y baton 'ma.

Ar y ffordd gartre o un gymanfa dyma ni'n stopio i gael peint bach. A dyma Elfed yn cofio yn y dafarn ei fod e wedi gadael y baton ar ôl yn y capel.

"Fe awn ni'n ôl," medde fi.

"Na, 'sdim ots," medde Elfed.

"Ond baton Dad-cu."

"Rwy wedi colli hwnnw ers blynyddoedd. Un arall oedd hwn!"

Cymro ar Wasgar

Pan oedd y Rhyfel Oer yn ei anterth a gwledydd Dwyrain Ewrop yn ddirgelwch i rai ac yn ofn i eraill, aeth Elfed ac Ann ar eu gwyliau i ddwy o'r gwledydd hynny. A chafwyd un antur na fydd Ann byth yn ei hanghofio:

Yn 1980 ro'n i wedi cymryd yn fy mhen 'mod i'n 30 oed ac erioed wedi bod dros y dŵr. Y gwyliau rhata' oedd ar gael y flwyddyn honno oedd un i Bwlgaria a Romania – rhyw hanner pris mynd i Sbaen. Roedd mynd i rwla efo Elfed ym Mhrydain yn dipyn o *liability*, a mynd dros y dŵr yn fater arall!

Roeddan ni wedi bod yn Bwlgaria am wythnos ac roedd o wedi bod yn chwilio am siopau oedd yn gwerthu unrhyw beth cerddorol. Un diwrnod, roeddan ni yn Sofia am y dydd ac roedd o wedi clywed am siop oedd yn gwerthu hen recordiau a llawysgrifau cerddorol. Mi fu yn y siop 'ma am bron i bnawn cyfan yn siarad efo hwn a'r llall, a mi ddaeth allan wedi prynu cerddodiaeth a rhyw hen bapurau wedi melynu. A hefyd roedd ganddo fo ryw barsal. Erbyn dallt roedd 'na bobol oedd yn galw'n aml yn y siop wedi bod yn siarad efo fo ac wedi deall ei fod o'n dod o Brydain, ac roedden nhw isio gyrru recordiau i ryw Saeson oeddan nhw wedi'u cyfarfod yn rhywle arall. Roeddan nhw wedi bod adra yn ystod y pnawn yn lapio'r recordiau 'ma mewn papur brown a llinyn, a'u rhoi nhw i Elfed a gofyn i ni'i bostio fo i'r cwpwl yma ar ôl i ni gyrraedd adra.

Ar ôl i ni fynd yn ôl i'r gwesty dyma fi'n deud wrtho fo na wydden ni ddim beth oedd yn y parsel ac nad oeddwn i ddim yn rhy hapus efo hynny. Faswn i'n hapusach tasen ni'n ei dynnu fo allan o'r papur brown, gwneud cofnod o'r cyfeiriad, mynd â'r recordiau a'u lapio nhw ar ôl mynd adre. Achos roedden ni mewn gwlad ddiarth lle nad oedden ni'n cael gwneud beth lecien ni. Mi gytunodd o ar hynny, ac erbyn gweld dim ond recordiau oedden nhw – digon diniwed. Dyma'u pacio nhw yn y cês ac wedyn roedden ni'n symud ymlaen i Romania.

I fynd o Fwlgaria i Romania roedd rhaid mynd trwy *checkpoint* ar ddiwrnod poeth ofnadwy. Roedden ni wedi teithio rhyw dair awr yn barod ac wedi bod yn eistedd wedyn ar y bws 'ma am tua awr. Roedd y soldiwrs neu'r gârds arfog 'ma ar y ffin mewn stafell yn cael eu cinio a doedd neb yn cymryd sylw ohonon ni oedd yn y bws. Roeddan nhw wedi cymryd pasport pob un ohonon ni. Ac roedd y *courier* yn dweud, "Mae'n rhaid inni dderbyn hyn. Fel hyn maen nhw. Mi allan ein cadw ni yma am bedair awr. Ond does neb yn cael gadael y bws."

A wedyn mi ddaeth y milwyr 'ma allan a cherdded rownd y bws ac edrych ar y bobol oedd yn teithio. Ac mi benderfynodd Elfed fynd allan i gael sgwrs. Doeddan ni ddim i fod i fynd allan, ond allan yr aeth o. Dyna lle'r oedd o'n cerdded o gwmpas, ei ddwylo'n ei bocedi, ei grys yn agored a'i wallt yn sownd yn ei ben achos bod o'n chwys domen. "Shwmai, shwmai," medda fo, a nodio ar y soldiwrs 'ma, a ninnau i gyd yn crynu oddi fewn i'r bws. Roedd o wedi tynnu sylw ato'i hun erbyn hyn, a doeddan nhw *ddim* yn bobol gyfeillgar. Dyma nhw'n dweud wrth y dreifar am agor ochrau'r bws ac roeddan nhw isio gwybod pa gês oedd biau Elfed. Mi ddangosodd fy nghês i iddyn nhw gynta cyn cael gafael ar yr un iawn. Roedd rhaid cael y goriad gen i ar y bws er mwyn agor y cês. Ac wrth gwrs beth welson nhw ond y papurau melyn 'ma. Roedd ganddyn nhw ddiddordeb mawr yn y rheini. Mi fuon yn astudio llawer arnyn nhw a siarad llawer efo'i gilydd. Roeddan ni'n cael yr argraff eu bod nhw'n meddwl bod Elfed yn mynd â rhyw negeseuon politicaidd peryglus o wlad i wlad.

Dyma'r *courier*, oedd heb Saesneg da iawn, yn dweud bod y bobol 'ma isio gwybod beth oedd y '*documents*'. "No, not *documents,*" medda Elfed. "*Manuscripts!.*" Doedd y *courier* ddim yn gwybod ei hun beth oedd *manuscript* heb sôn am esbonio hynny wrth y soldiwrs. Roedd pethau'n dechrau poethi rŵan, achos doeddan nhw ddim yn gyfeillgar o gwbwl. Fan'no roeddan nhw efo'r gynnau 'ma ac yn ei groesholi fo, beth oedd y *documents?* "*Manuscripts,*" medda fo eto, a dim byd yn tycio. "*Wel Uffach!*" medda fo ar dop ei lais, a morio canu "Hen ferchetan wedi colli'i chariad…" â'i ddwylo yn ei boced, yn chwys doman wrth ochor y bws, cystal â dweud "*Dyma* beth ydi canu a *Dyma* beth ydi *manuscripts*'. Roedd pawb ar y bws mewn sterics, mi ddeallodd y soldiwrs o'r diwedd mai cerddoriaeth oedd y papurau ac mai cerddor digon diniwed oedd Elfed! Mi gawson fynd yn ein blaenau ac o hynny 'mlaen roedd 'na ganu mawr ar y bws.

***

Yn ystod cyfnod Croes-lan gwahanodd Elfed ac Ann, ac aeth Ann yn ôl i'r gogledd:

Ar ôl i ni wahanu doedd o ddim yn gwneud cymaint â hynny o wahaniaeth achos roedd Elfed ar y ffôn os oedd ganddo ryw broblem, neu isio gofyn fy marn i am hyn a'r llall am flynyddoedd wedyn. Doeddan ni ddim yn cadw mewn cysylltiad rheolaidd ond roedd o'n dda iawn am adael imi wybod os oedd rhywun yn wael neu rywbeth wedi digwydd yn un o'r ardaloedd lle'r oeddan ni wedi bod yn byw. Roedden ni'n ffrindiau da erioed a wnaeth hynny ddim newid ar ôl inni wahanu.

Elfed y Celt

Pan oedd Dewi Pws yn dychanu rhyw gymeriad blêr cyntefig o'r enw Elfed y Celt ar raglen deledu, a hwnnw'n rhuo canu Tafarn y Rhos, roedd sail y cymeriad mor amlwg â phe bai wedi ei alw'n Elfed Lewys. O'r gyfres honno y tarddodd y llysenw Elfed y Celt, un y gellid meddwl y byddai'n fwy na balch o'i arddel. Beth bynnag yw syniad rhywun o ddinesydd Celtaidd, boed yn gylchoedd cyfrin y gorffennol neu'n gysylltiadau cyfoes, roedd y cymwysterau i gyd gan Elfed.

Roedd o'r un anian â'r Gwyddelod, a bu mewn Cyngres Geltaidd yn Llydaw. Pan oedd criw ohonon ni unwaith mewn gŵyl werin yn Perranporth yng Nghernyw roedd Elfed yno, ar ei ben ei hun ac yn mwynhau pob eiliad. Pan ofynnwyd iddo ddweud gair ar gyfer *Hel Straeon* fe wnaeth hynny gydag arddeliad.

"Mae'n braf gweld y Celtiaid yn dod at ei gilydd," meddai gan chwifio'i fys at y camera. "Nid yr un yw'n problemau ni, ond ry'n ni'n gweld problemau'n gilydd ac mi fedrwn ni eu goresgyn nhw, a defnyddio'r gwyliau 'ma er lles ac er budd pobol Geltaidd yr hen fyd 'ma!"

Roedd o bron wedi'n hargyhoeddi ni fod dyfodol yr iaith Gernyweg yn ddiogel, gyda thipyn o ffydd.

Aeth unwaith â'i genadwri i archfarchnad yn yr Alban. Roedd wedi cyfarfod ffrind, Morag Dunbar, mewn eisteddfod yng Nghymru ac wedi penderfynu ymweld â hi a'i gŵr flynyddoedd wedyn ym mhentre Balerno ger Caeredin. "Roedd o wedi cyrraedd yng nghanol y nos ac wedi methu'n deffro," medd Morag. "Felly mi gysgodd yn y car. Y bore wedyn mi aeth i'r archfarchnad yn y pentre i brynu bwyd a diod i ni. Roedd pobol y pentre wedi rhyfeddu gweld y dyn bach yma efo'r gwallt hir a'r llais anferth yn cerdded rownd yn llenwi'i droli ac yn morio canu emynau Cymraeg."

Pan oedd Gweled, cymdeithas sy'n hybu'r celfyddydau gweledol, wedi trefnu taith i arddangosfa yn Fienna oedd yn ymwneud â chelfyddyd Geltaidd, roedd Elfed yno yng nghanol yr arlunwyr. Ond fe achosodd ei bresenoldeb bryder i un o'r teithwyr eraill, fel y clywais gan ei ffrind, yr arlunydd o Aberteifi, Aneurin Jones:

Roedd diddordeb mawr gydag e yn y celfyddyau a phethe Celtaidd ac ati, ac roedd e'n moyn gweld yr arddangosfa enfawr 'ma oedd yn cael ei chynnal. Roedden ni'n griw o ryw bymtheg i gyd, llawer ohonyn nhw'n atistiaid, ac Elfed yn edrych ymlaen yn fawr at y daith. Roedd e'n hwyr yn cyrraedd y maes awyr, ac ar ôl cyrraedd roedd e wedi mynd i'r siop i brynu anrhegion i'r menywod yn ei gapeli.

Pwy gwrddes i nawr ond hen bartner i mi, arlunydd o Sir Fôn. A ddwedodd hwnnw wrtho i "Ti'n nabod y *Parchedig* Elfed Lewys 'ma?" "Odw wy'n nabod e," wedes i, "Pam?" "Hm," medde fe. "Parch! Dwi ddim wedi cael gwyliau iawn ers blynyddoedd a dwi isio tipyn o hwyl. A maen nhw wedi'n rhoi fi i rannu stafell efo hwn. Sut foi ydio?" "Mae e'n hen foi iawn," medde fi. "Ond bydd yn ofalus o dy iaith. Dyw e ddim yn gallu diodde pobol sy'n rhegi. A'r peth gwaetha ynglŷn â fe, os wyt ti'n ymgymryd â'r ddiod gadarn mae hi ar ben. Dyna dy angladd di! Mae gwynt cwrw hanner milltir i ffwrdd yn ei hala fe'n gynddeiriog!"

Ond pwy gyrhaeddodd y funud honno ond Elfed, wedi bod yn prynu'r anrhegion 'ma. "Aneurin," medde fe. "Bachan diawl, mae pris ar y pethe hyn! Yffar, edrych ar hwn nawr, mae'n dair punt. Ac mae'r blydi thing arall 'na fan'na..."

"Aneurin," medde'r dyn o Sir Fôn, "mi ddo i ymlaen yn iawn efo hwn!"

***

Ei wobrwyo gan hoelion wyth y Cnapan cyn gadael am Gwm Gwendraeth.

Yn ardal Ffostrasol fel ym mhobman arall roedd yn weithgar mewn pob math o weithgareddau. Pan gychwynnodd Emyr Llywelyn dîm criced o'r enw Y Gwerinwyr roedd Elfed yno, y mwyaf brwd os nad y cricedwyr mwyaf llwyddiannus:

"Fe aethon ni unwaith i chware Llandysul oedd yn dîm eitha da," medd Garnon Davies. "Ond y diwrnod 'ma roedd hi wedi bod yn bwrw glaw ac roedd y wiced mewn cyflwr truenus. Fe ddododd Emyr Llew nhw i mewn i fatio ac fe gawson ni nhw mas am ugain rhediad.

"Fe ddechreuodd ein batio ni'n weddol ond wedyn roedd y wicedi'n cwmpo un ar ôl y llall. Roedden ni angen un rhediad i ennill ac un wiced ar ôl. Elfed oedd yn batio. Pan ddaeth y bêl fe roddodd Elfed gic iddi, ac fe lwyddon i gael y 'run. Roedd e'n sôn am flynydde wedyn sut oedd e wedi ennill gêm griced trwy gicio'r bêl."

Roedd yn weithgar gyda chlwb gwerin yn Ffostrasol ac yna gydag un arall o'r enw Cainc – Cylch Adloniant i Ni'r Cymry. Allan o'r ddau glwb hwnnw y tyfodd ei gyfraniad mwyaf parhaol i'r ardal, gŵyl werin y Cnapan.

"Roedden ni wedi bod yn plygu'r papur bro, *Y Gambo*," medd Ian ap Dewi:

Mae'n waith sychedig ac roedd rhaid galw ym Mrynhoffnant ar y ffordd yn ôl. Roedd 'na chwech ohonon ni'n eistedd rownd y ford, yn siarad am glwb gwerin fan hyn a fan draw. Ac fe benderfynon ni gael gŵyl werin ar ddwy noson, nos Wener a nos Sadwrn, yn Drefach Felindre lle'r oedd 'na ganolfan i'w gael. A fe

benderfynon ni mai'r Cnapan fyddai enw'r ŵyl. Fe wahoddon ni
bobol erill wedyn i drafod y syniad mewn cyfarfod yn Dafarn Fach,
Pontshân. Ac fe gafodd Elfed ei ddewis yn gadeirydd cynta' Gŵyl y
Cnapan. Fe yn fwy na neb oedd yn gyfrifol am ei ffurfio.

Roedd hefyd yn aelod o Gymdeithas Genedlaethol yr Hoelion Wyth,
enw rhwysgfawr ar yr hyn a ddisgrifia Ian ap Dewi fel "rhyw gymdeithas
led ddiwylliannol o ddynion yn mwynhau cwpwl o beints a chael cwis a
phethau fel'ny." Roedd un o'r pum cangen yn ardal Tyddewi lle'r oedd
Elfed yn adnabod pawb.

Uchafbwynt blwyddyn yr Hoelion Wyth yw'r Steddfod Genedlaethol.
Yn ôl Ian ap Dewi:

> Sôn ry'n ni am ffug eisteddfod neu steddfod dwp gyda
> chystadlaethau hollol *bizarre* fel garglo a chanu mas o diwn. Roedd
> Elfed nawr yn hyfforddi côr ein cangen ni, cangen Sion Cwilt, i
> ganu 'Yr Asyn a Fu Farw'. Dim ond rhyw ddau ymarfer oedd i'w
> cael ac roedd e'n drilo ni mor galed yn y cynta doedd y bois ddim
> yn troi lan i'r ail. Steddfod ddoniol oedd hi i bawb arall ond roedd
> Elfed yn cymryd y peth o ddifri. A phan oedden ni'n mynd i
> Drefin i gystadlu roedd Elfed yn cynnal ymarfer ar y bws ac ar ôl
> inni gyrraedd y dafarn yn Nhrefin doedd e ddim yn fodlon gadael
> inni fynd oddi ar y bws am nad oedden ni'n canu'n ddigon da. Fe
> safodd e yn y drws a'n cadw ni yno'n ymarfer, â'n tafodau'n
> hongian mas, nes bod y steddfod yn dechrau.
>
> Dyma'r math o bethe roedd Elfed yn ymwneud â nhw. Falle
> nad oedd y safon ddim yn uchel, ond cyn belled â'u bod nhw'n
> werinol ac yn Gymreig roedd Elfed yno yn y canol.

Llond Sosban o Ffrindiau

Does neb yn siŵr pam y dewisodd Elfed fyw yn Llanelli ar ôl cael galwad yn 1993 i fod yn weinidog yn ardal Pontiêts, sy'n llawer nes at Gaerfyrddin. Damcaniaeth hollol gredadwy yw ei fod eisiau bod yn agos at y Strade. Gwir neu beidio, roedd mwy o gyfle nag erioed i ddilyn tîm Llanelli, a gwnaeth hynny gydag afiaith unllygeidiog.

Dywedodd yr arlunydd Aneurin Jones beth diddorol amdano. "Roedd Elfed ar adegau yn ddyn unig iawn," meddai. "Dyna pam bod gydag e gymaint o ffrindiau, er bod hynny'n swnio'n rhyw fath o groes-ddweud. Roedd e'n hoffi pobol, yn enwedig os oedden nhw'n gallu rhoi rhyw hanesion difyr iddo fe. Roedd e'n fodlon chwilio am y bobol yma oedd o'r un anian â fe, a doedd pellter nag amser yn golygu dim."

Drwy symud i Lanelli daeth cyfle i ailgyfarfod amryw o hen ffrindiau a gwneud rhai newydd. Dyma rai:

RAY GRAVELL, Chwaraewr rygbi

Rown i wedi clywed ei lais e cyn bo fi'n cwrdd ag e o gwbwl. Dechrau'r saithdegau oedd hi, pan o'n i'n chware i Lanelli. "Dere mlân, Ray…" Ro'n i'n clywed y floedd 'ma bob tro rown i'n cael y bêl. A wedyn daeth e ata 'i a chyflwyno'i hunan. Roedd e mewn cariad â'r gêm, roedd e bron fel rhan o'i grefydd e. Roedd e'n mynd ar deithie ar y bysus i'r gemau bant ac roedd bathodyn y sosban wastad ar ei lapel e.

O'n i bob amser yn ymwybodol pan oedd e 'na, ac roeddwn i'n cwrdd ag e wedyn ar ôl y gêm. Bryd hynny roedd hi'n gêm llawer mwy cymdeithasol na beth yw hi nawr yn yr oes broffesiynol 'ma. Pawb yn cael drinc yn y bar a chwrdd â'r cefnogwyr. Nawr mae'r chwaraewyr yn cael

Yng nghwmni Grav, Tes a chyfaill.

eu cadw bant oddi wrth y cefnogwyr a mae hynna'n drist i mi.

Fydde Elfed yn dod mlaen a fydde wastad rhyw englyn neu ryw gwpled gydag e am sut oedd Llanelli 'di ware neu sut o'n i 'di ware pnawn 'ny. A fe deimles i reit o'r adeg pan gwrddes i e gynta bod e'n gymeriad hoffus.

Wi'n cofio pan ddaeth yr All Blacks draw 'ma – gawson ni gyrchad – tair blynedd nôl wy'n credu. Y noson cyn y gêm roedd y tîm oedd wedi trechu'r Crysau Duon yn '72 dan hyfforddiant Carwyn i gyd yn cyfarfod i gael cinio mawr o dan ganfas y drws nesa' i'r cae. Saith cant o bobol 'na, a'r bordydd mawr 'ma. Fi oedd llywydd Llanelli erbyn hynny a'n ford yn hunan 'da fi. Deg o westeion, yn cynnwys y cyn-Archdderwydd a'r Archdderwydd presennol – ac Elfed. Ac yn bwysicach na neb i Elfed, Delme Thomas a Norman Gale, dau gyn-gapten ar Lanelli ac ar Gymru hefyd. Roedd rygbi a diwylliant a phopeth oedd yn bwysig i Elfed yna dan y canfas. Ac roedd e'n eistedd rhwng Norman a Delme, yn ei seithfed nef, fel crwtyn bach ddim yn gwybod pa ffordd i droi.

Doedd dim dal pa amser o'r dydd na'r nos y bydda fe'n cyrraedd yma. Ac eto roedd ei amseru fe'n berffaith. Wy ddim yn gwybod sut oedd e'n neud e, ond roedd gydag e'r ddawn o gyrraedd fel bydden ni'n tynnu'r corcyn o'r botel win neu'n tynnu'r ffowlyn mas o'r ffwrn. "Jawl, wy'n distyrbo chi nawr," medde fe, a gwbod yn iawn na fydda fe byth yn distyrbo ni. Cyn gynted bod yr hen gar 'ma'n stopo tu fas roedd y groten fach Manon yn gweiddi "Elfed y Celt!" Felna roedd hi'n ei gyfarch e.

Roedden ni wedi gofyn iddo fe fedyddio Gwenan, yr ail groten. "Ray! Fydda i yma!" medde fe. Ond ddaeth y cyfle ddim. Dwi ddim yn credu gall neb fesur y golled i'w ffrindiau ac i'r genedl. Mae Cymru'n dlotach o lawer nawr. Ond mae wedi rhoi rhywbeth o'i hunan i bawb oedd yn ei nabod e. Cawr o ddyn – ar goesau byr!

JIM MORRIS, Rheolwr banc

"Jim," medde fe, "rwy'i am i ti edrych ar ôl fy nghyfoeth i!"

Roedd e wedi bod yn banco gyda Dewi James yn Llandysul am flynydde cyn hynny, ac wedyn fe ddaeth fy nhro inne.

Roedd pawb yn 'nabod Elfed yn y banc yn Llanelli – roedd e'n edrych fel trempyn nawr ac yn y man. Roedd e'n dod ymlaen yn dda gyda'r staff i gyd a phawb yn hoffi gweld Elfed yn dod i mewn. Ar ei lyfr siec e roedd yr enw Parch. Elfed Lewys. Ac rwy'n cofio merch o'r enw Tina, oedd yn ddi-Gymraeg, yn rhoi arian iddo fe, ac ar ôl iddo fe fynd dyma hi'n troi at y ferch drws nesa' iddi, oedd yn siarad Cymraeg, ac yn dweud wrthi, "*That's a funny name, Parch,*" a *Parch,* fel yn y gair Saesneg, fuodd e yn y banc yn Llanelli fyth oddi ar hynny.

Ro'n i'n byw yng Nghaerdydd ac yn teithio i Lanelli bob dydd am bedair blynedd, a roeddwn i'n ceisio gadael y banc am chwarter i bump bob nos. Ond yn fwy aml na dim pwy fydde'n dod miwn am chwarter i bump ond Elfed. "Elfed," fyddwn i'n gweud, "rwy'n mynd gartre." "Dim ond munud, munud fydda i." Mynd ag e i'r stafell a munud yn mynd yn hanner awr, tri chwarter awr… doedd dim cyffro yn ei groen e.

Ond un diwrnod fe ges i ffôn yn fy swyddfa ganol prynhawn i ddweud bod rhywun yn moyn fy ngweld i. "Rhowch bum munud i fi," wedes i, "a ddo 'i mas i'w weld e." Wrth gwrs, pan es i mas pwy oedd yna ond Elfed. Roedd e'n cysgu'n drwm ar *setee* yn y *foyer* a Tes yr ast yn gorwedd wrth ei draed, tra'r oedd gwaith y banc yn mynd ymlaen yn ôl yr arfer o gwmpas y ddau.

Ie, ffrind da. Ffrind arbennig iawn.

WYN LODWICK, Cerddor jazz

Yn 1995 roeddwn i wedi penderfynu mynd lawr i Ffrainc a Sbaen i hwylio. "Ddoi gyda ti," medde Elfed. Roedden ni'n bwriadu hedfan o fan hyn i Agen, sy' wedi gefeillio gyda Llanelli, a hwylio ar y gamlas ar draws Ffrainc o Bordeaux i Narbonne ac ymlaen wedyn i ynysoedd y Balearics. Pythefnos o daith mewn cwch *30 footer*, ond roedden ni'n gallu tynnu'r mast lawr a defnyddio'r enjin i fynd dan bontydd.

Fe ofynnais i iddo fe oedd e wedi gwneud unrhyw beth ar gwch o'r blaen.

"Nagw, ond wy'n fodlon dysgu."

"Wel, dere mâs i'r ardd 'te."

A mas â ni, a rhaffau 'da ni, i ddysgu beth i'w wneud pan fydden ni'n mynd trwy'r *locks*. A fues i'n dysgu Elfed sut i daflu rhaffau lan at y coed, eu tynnu nhw lan a'u clymu nhw. Ac roeddwn i'n falch iawn 'mod i wedi gwneud hynny, achos dyna'n gwmws beth oedd e'n ei wneud wrth fynd trwy'r *locks*.

Gawson ni amser da iawn, Elfed oedd y cwc ac roedd e'n un da. Beth oedd e'n wneud? Wel, roedd e'n gofalu bod digon o win 'da ni o hyd. Ac roedd e'n gallu gwneud cinio. Pan oedden ni'n mynd trwy winllannau Barsac a llefydd fel 'na roedd e'n cymryd diddordeb mawr.

A dwi'n cofio, fe gollon ni Elfed un noson. A roedd e wedi gwisgo lan. "Wy'n mynd am dro bach nawr," medde fe. "Fydda i nôl nes 'mlaen." Roedden ni wedi clymu'r

Yng nghwmni Wyn Lodwick.

cwch wrth goeden ar bwys rhyw bont reit yng nghanol y wlad a dyma
Elfed yn mynd. Wydden ni ddim ble'r oedd e ond wedyn fe sylweddolon
ni ein bod yng nghanol gwinllan. Ac roedd Elfed wedi sylwi ar y tŷ mawr
– y *château* – ble'r oedd y perchennog yn byw. Roedd e'n hwyr yn dod
'nôl, wedi bod yn y *château* a siarad gyda'r pennaeth – yn Gymraeg siŵr o
fod, achos doedd gydag e ddim Ffrangeg o gwbwl. "Fe wahoddon nhw fi
i fewn a 'wedes i'n bod ni'n dod o Gymru a ges i bryd o fwyd a digonedd
o win" medde fe. Pwy ond Elfed fyddai'n gallu gwneud rhywbeth fel 'na!
Fe gwrddon ni lot o bobol ddiddorol ar y daith ac roedd Elfed yn siarad yn
Gymraeg gyda phawb.

TES, Cocker Spaniel

Does yr un sgwrs am flynyddoedd olaf Elfed yn para'n hir heb i rywun grybwyll
Tes, ei gydymaith mwyaf cyson yn y cyfnod hwnnw. Roedd gofal Elfed
amdani yn ddiarhebol, fel y gwelodd ei hen ffrind coleg R Alun Evans:

> Y tro dwetha buodd o'n aros yn tŷ ni mi aethon ni am dro.
> Roedden ni wedi bod yn clebran tan tua dau o'r gloch y bore
> mae'n siŵr, a dyma benderfynu mynd allan. Ac wedi inni gerdded
> am yn agos i filltir mi gyrhaeddodd y glaw. Roedden ni'n cerdded
> yn ôl i ddannedd y storm ac roedden ni'n wlyb at ein crwyn.
> Roedd yr ast fach efo ni, Tes. Ar ôl inni gyrraedd y tŷ dyma fi'n
> dweud wrtho, "Paid â phoeni. Mi ga' i ryw hen dracwisg iti
> wisgo." Dyma daflu'r tracwisg a thywel anferth iddo fo, a finnau'n
> mynd i newid mewn stafell arall. Pan ddois i'n ôl doedd dim sôn
> am Elfed. A dyna lle'r oedd o yn y garej, wedi defnyddio'r towel i
> sychu'r ast, a fo'i hunan yn dal yn wlyb diferol. Roedd y tynerwch
> yna yn gymaint rhan ohono fo.

Ar ôl marw Elfed aed â Tes yn ôl at Ifor a Dilys Williams, ffrindiau iddo ym
mhentre Clatter yn Sir Drefaldwyn. Trwyddyn nhw y daeth Tes i'w feddiant
yn y lle cynta, ond fel y rhan fwya o bethau ym mywyd Elfed dyw'r ffordd y
digwyddodd hynny ddim yn hollol syml. Dilys sy'n cofio'r hanes:

Roedd Elfed yn aros efo ni ac
yn edrych ar ôl ein ci defaid ni
ac mi gafodd hwnnw'i ladd gan
foto beic. Roedd Elfed yn
teimlo'n ofnadwy. Pan
ddaethon ni adra o'n gwaith y
diwrnod wedyn doedd dim
hanes ohono fo. Mi
gyrhaeddodd tua chwech o'r
gloch yn ei gar a'n galw ni
allan. Roedd 'na cocker spaniel
du a gwyn yn ista ar ei lin o.
Taran ydi honno ac roedd o
wedi mynd i Bethlehem, Shir
Gâr, i'w phrynu hi i mi ar ôl
gweld hysbyseb yn y papur.

Un o'i eisteddfodau olaf, yng nghwmni Tes.

Roedd o wedi rhoi'r enw arni
ar ôl clywed taran ar ei ffordd adre.

Pan oedd o'n aros yn tŷ ni rywbryd wedyn mi oedd o isio
mynd i Market Drayton ar ôl gweld hysbyseb yn y papur yn
gwerthu cocker spaniels. Mi aethon ni i'r ffarm 'ma lle'r oedd bob
math o gŵn, ond dim ond dau cocker spaniel oedd ar ôl, un mawr
tew a'r llall yn denau ac yn *cheeky*. Roedd Elfed wedi cymryd at
honno ac yn poeni ei bod hi ddim yn cael digon o fwyd. Ro'n i
wedi dweud wrtho nad oedden ni isio un arall, ond mi ddaeth y
cheque-book allan. £130. Efo ni y buo hi am y tri mis cynta a wedyn
mi ddaeth Elfed acw i aros ac mi aeth â Tes adre efo fo. Ond bob
tro'r oedd o'n mynd i ffwrdd i rywle roedd o'n dod â hi yma. A
phan ffoniodd Shân i ddweud ei fod o wedi marw mi ofynnodd be
ddylid 'i wneud efo Tes. Roedd o wedi gofyn yn barod fasa ni'n ei
chymryd hi'n ôl tasa rhywbeth yn digwydd iddo fo.

Yr haf ar ôl iddo fo farw roedden ni yng Nghaergrawnt, a Tes a
Taran yn cysgu yn y car. Dyma 'na gar oedd wedi parcio yn ymyl
yn cychwyn – hen Citroën 'run fath ag un Elfed. Mi neidiodd Tes

i fyny a syllu'n syn ar y car. Roedd hi'n dal i'w wylio fo nes bod o wedi mynd o'r golwg.

Dro arall roedden ni ar draeth yn ardal Abertawe. Roedd 'na ddyn yn cerdded aton ni efo barf a ffon. Roedd o'n ddigon tebyg i Elfed. Roedd Tes yn 'i watsio fo'n dod ac yn ysgwyd ei chynffon. Ond mi basiodd y dyn ac roedd hi'n fwya ypset. Dydi hi ddim wedi anghofio Elfed ac mae hi'n dal i'w ddisgwyl o'n ôl.

Y Bregeth Olaf

A r yr olwg gynta fuasai rhywun ddim yn disgwyl i genedlaetholwr digyfaddawd ac un o hoelion wyth y Blaid Lafur ddod yn bennaf ffrindiau. Ond o gofio bod Howard Jones, cyn-swyddog Undeb y Glöwyr, yn gadarn ei Gymreictod, a bod consýrn Elfed am ei gyd-ddyn yn ehangach na ffiniau plaid, ddylai rhywun ddim synnu chwaith.

"Roedd tipyn gyda ni'n gyffredin o ran athroniaeth," medd Howard Jones. "Roedd Elfed yn sosialydd lawr hyd fysedd ei draed. Roedden ni'n cyd-gerdded yn agos iawn."

Roedd Howard yn aelod yn Nasareth, Pontiêts, a phan gafodd ei ethol yn gadeirydd Cyngor Sir Dyfed, gofynnodd i Elfed fod yn gaplan iddo. "Does dim llawer o waith gyda caplan i'w wneud, ond roedd e'n galw yma'n aml i weld os oedd unrhyw beth y galla fe 'i wneud, unrhyw beth fyddai o fendith."

Roedd Howard wedi rhoi llyfr ar hanes glowyr De Cymru iddo, ac Elfed wrth ei fodd. Roedd yna sylw mawr i etifeddiaeth y pyllau glo pan aeth â chriw o'i aelodau ar daith bws trwy ardal ei blentyndod cynnar yn y Rhondda.

Fe aeth â ni i Neuadd Parc and Dare, lle'r oedd arddangosfa am Paul Robeson. Ac, wrth gwrs, fe ganodd e 'Old Man River' ar y llwyfan! Fe wnaeth e i'r bws sefyll pan oedden ni'n mynd heibio tŷ Mabon, un o gewri achos y glöwyr. Safodd e wedyn ar bwys mynwent i ddangos bedd Tommy Farr, a bedd mam a thad Tommy Farr, a bedd Toby Churchill, hyfforddwr Tommy Farr.

Roedd e'n byw er mwyn gweld y steddfod eleni. Roedd e lan

Caplan i'r Cadeirydd. Gyda'r Cynghorydd a Mrs Howard Jones, Pontiêts.

yn arwain cymanfa garolau gyda ni yn y Meinciau dan nawdd pwyllgor lleol Eisteddfod 2000, a roedd e'n dodi popeth mewn i'r peth. Fe gredais i bod to'r capel yn codi, 'waeth roedd seindorf arian Ysgol y Gwendraeth yno. Roedd y tonau mor fywiog, ac Elfed druan wrth ei fodd.

Ac fe alwodd e gyda ni ar ei ffordd gartre wedyn. Roedd popeth yn shwps diferu. Fe gynigion ni iddo fe gymryd rhyw ddillad i newid iddyn nhw. Ond na, roedd e'n iawn. Ac fe gwmpodd i gysgu yn ei gadair.

Yr atgof diwetha sy gyda fi yw bod yn ei wasanaeth ola fe. Ac fe gyfeiriodd e at y pennill gan Elfed y bardd, ei hen ewythr e:

Nid cardod i ddyn ond gwaith,
Mae dyn yn rhy fawr i gardod,
Mae cardod yn gadael craith
A'r graith yn magu nychdod.

Ac fe drodd o ata i yn y gynulleidfa ac fe wedodd e, "Mae Howard yn gyfarwydd iawn â'r geiriau hyn."

Steddfod Elfed

Er bod problemau iechyd wedi arafu tipyn arno erbyn y blynyddoedd olaf, doedd 'na ddim pall ar frwdfrydedd Elfed dros Eisteddfod y mileniwm yn Llanelli.

"Y Steddfod oedd popeth iddo fe yn y blynyddoedd dwetha," medd Ray Gravell. "Roedd e wedi rhoi cymaint mewn i'r pwyllgorau 'ma. Ac roedd gydag e'r ddawn i dynnu pobol i weithio. Gwneud hynny achos taw Elfed oedd yn gofyn. Roedd e mor frwdfrydig ei hunan."

Ar ôl i Ray gael ei ddewis yn Geidwad y Cledd i'r Orsedd fe welodd Elfed gyfle i dalu teyrnged iddo a thynnu sylw pobl Llanelli at yr Eisteddfod ar yr un pryd:

> Fe drefnodd e noson yng Ngwesty'r Diplomat i gyfarch Ceidwad y Cledd. Elfed oedd wedi sbarduno popeth, fe gafodd e bobol y Steddfod a'r holl bwyllgorau i gytuno i gynnal y peth. Daeth tua dau gant o bobol yno, yn talu rhyw ddeg i ddeuddeg punt yr un. Roedd hi'n noson a hanner, a fe wnaethon ni elw rhyfeddol i'r Eisteddfod. Roedd Elfed yno fel brenin yn teyrnasu, mewn ffordd gwbwl naturiol. Trueni na chafodd e weld y Steddfod yn dod. Ond Steddfod Elfed fydd hi i lawer ohonon ni.

Teitl swyddogol Elfed oedd Cadeirydd yr Is-bwyllgor alawon gwerin. Ond doedd o ddim yn cyfyngu 'i gyfraniad i'r maes hwnnw. Roedd o hefyd yn aelod o'r pwyllgor gwaith a'r pwyllgor gweithgareddau. Ar y pwyllgor hwnnw, yn ôl Cadeirydd y Pwyllgor Gwaith, Garry Nicholas, y gwelwyd Elfed ar ei orau:

Y pwyllgor gweithgareddau oedd yr un oedd yn meddwl am syniadau i ddod â chyhoeddusrwydd i'r steddfod ac yno roedden ni'n cael mwya o hwyl gydag Elfed. Doedd dim stop arno fe, a ta beth oedd Elfed yn ei gynnig, roedd yn rhaid inni'i drafod e, a roedd e'n mynnu bod e'n digwydd.

Un o'r pethau mwya oedd gydag e oedd y ffaith bod raid i'r Steddfod gyrraedd y bobol hynny nad oedd hi ddim yn arfer eu cyrraedd. Mae 'na ardaloedd yn ardal y Steddfod hyd yn oed nawr nad y'n nhw ddim yn gwybod bod y Steddfod yn dod. A dyna'r bobol roedd Elfed yn dweud bod raid i ni eu cyrraedd. Roedd e'n moyn mynd â gweithgareddau i wahanol rannau o'r dalgylch. Un peth oedd gyda fe oedd trefnu ras rhwng gwahanol fudiadau a sefydliadau, ac i ddweud y gwir mae 'na ras yn mynd i fod ar ddydd Sul cynta'r Steddfod ac maen nhw'n mynd i'w galw hi'n Ras Elfed.

Peth arall oedd gyda fe, a gawson ni lot fawr o sbort yn trafod hwn, roedd e'n moyn mordaith ar long y Waverley, a fuo hwn ymlaen am sawl pwyllgor. Roedd e bob amser ar yr agenda – Waverley, Waverley… ac roedd Elfed yn gorfod ei godi fe, dweud beth oedd i ddigwydd. A roedd ysgrifennydd y pwyllgor, Gwynfor Price, yn gorfod gwneud yr ymholiadau.

Roedden ni i fod i drefnu bysus o Lanelli i Abertawe i ddal y llong. Roedd Elfed yn anelu'n uchel, roedd e'n sôn am gannoedd ar gannoedd o bobol ar y fordaith, lot ohonyn nhw'n

Elfed a rhai o'i gyd-orseddwyr.

bobol fydde ddim fel arfer yn meddwl am fynd i'r steddfod, roedden nhw i fod ar y Waverley. Y syniad oedd mordaith i Ilfracombe a 'nôl i Abertawe. Ond ar hyd y daith wedyn roedd gydag e syniadau, roedd yn rhaid i lot o bethe ddigwydd. Un o'r pethe oedd rhyw fath o Dalwrn y Beirdd. Rhyw fath o gystadleuaeth rhwng y beirdd, yn ôl Elfed, i weld pwy fyddai'n gallu cyfansoddi mwya' o gerddi ac englynion ac yn y blaen cyn cyrraedd 'nôl i Abertawe. Ac yn ychwanegol i hynny wedyn, canu gwerin, dawnsio, pob math o weithgareddau ar y Waverley.

Ond, wrth gwrs, ar ôl ei farw fe dy'n ni ddim wedi mynd 'mlaen â'r syniad, fe gollon ni'r awydd rywsut ar ôl inni golli Elfed...

Rwy'n credu mai'r pwyllgor alawon gwerin, roedd Elfed yn gadeirydd arno fe, oedd y pwyllgor gwplodd eu gwaith gynta un. Roedden nhw wedi cwpla cyn ei farw fe. Roedd cymaint o frwdfrydedd gydag e, ac roedden nhw wedi trefnu'r testunau. Fe fues i yn rhai o'r pwyllgorau ac roedden nhw'n cael llawer iawn o hwyl, roedd Elfed yn canu rhai o'r caneuon 'ma er mwyn eu profi nhw a roedd pobol yn gwrando arno fe.

Y tro dwetha imi siarad â fe, ar ddechrau'r pwyllgor gwaith oedd hi, a roedd e'n dod ata 'i yn llawn cyffro, roedd rhywbeth gydag e i ddweud ac roedd e'n bwysig... Roedd e a fi'n galw'n gyson yn yr un *Indian Takeaway*, yn y Jom-jom yn Llanelli. Roedd e'n dwli ar fwyd Indian. A'r hyn oedd gydag e i'w ddweud oedd ei fod e wedi bod yn siarad â pherchennog y Jom-jom ac wedi dweud wrtho fe y cwbwl am y Steddfod a beth oedd hi'n olygu ac yn y blaen, ac roedd e wedi cael hwnnw i addo rhoi hysbyseb yn Rhaglen y Dydd. Ac roedd e'n teimlo mor gyffrous am y peth, roedd rhaid iddo fe ddweud wrtho i, a roedd yn rhaid inni gofio am y Fom fom.

Ar ôl marw Elfed fe alwais i yn y *takeaway* a dweud wrth y perchennog bod Elfed wedi marw. Fe aeth e'n fud. Ac fe ddwedodd wrth y rhai oedd yn gweithio gydag e, dweud yn eu hiaith nhw, a'r rheini wedyn ddim yn gwybod beth i'w ddweud. A wedyn dyma fe'n dechrau siarad â fi amdano fe. Roedden nhw'n dwli gweld Elfed yn dod mewn i'r Jom-jom, achos fydda fe'n aml yn torri mas i ganu caneuon Cymraeg iddyn nhw a bydda fe'n aros yno am amser yn canu, ac roedden nhw'n dwli arno fe fel cymeriad. Dyna un enghraifft arall o Elfed yn cyrraedd at bobol na fydde'r steddfod na'r bywyd Cymraeg byth yn eu cyrraedd nhw fel arall.

Madogwys

"Pam fi?" oedd cwestiwn Elfed pan ofynnodd Bethan Jones, o gwmni Dalier Sylw, iddo gymryd rhan mewn cynhyrchiad yn sôn am ddiwylliannau Cymru ac Indiaid America. Y ffaith ei fod yn faledwr ac yn Gymro a bod ganddo wybodaeth am gefndir, caneuon a dawnsfeydd Cymru'r ddeunawfed ganrif oedd y rheswm a roddwyd. Doedd neb yn gwybod bryd hynny bod y toreth llyfrau yn ei dŷ yn Llanelli yn cynnwys cyfrolau di-ri ar gerddoriaeth a thraddodiadau'r Americaniaid brodorol; a bod y rheini, yn wahanol i lyfrau ar seryddiaeth, ieithoedd a *Teach Yourself Fencing*, wedi cael eu hagor a'u hastudio.

Roedd *Madogwys*, a ysgrifennwyd gan Gareth Miles, yn sôn am ymdrechion John Evans, Waunfawr, i greu undod rhwng llwyth y Mandaniaid a'r Cymry ar sail chwedl Madog. Roedd dau Indiad Americanaidd yn y cast.

Doedd wythnos gynta'r ymarfer ddim yn un hawdd. "Canolbwyntio ar y caneuon a'r dawnsfeydd oeddan ni i ddechrau, trio adeiladu ar esgyrn y sgript," medd Bethan Jones. "Ond roedd dechrau'r wythnos yn gymhleth, a thipyn o anghytuno rhwng pobol o'r ddau ddiwylliant. Roedd Elfed yn llaw gadarn ac yn mynnu llais teg i bawb.

"Y pethau oedd yn gyffredin i'r ddau ddiwylliant oedd o ddiddordeb iddo fo. Roedd ganddo fo stôr o wybodaeth – roedd o'n dweud pethau fel 'Mae hyn yn f'atgoffa fi o stori yn y Mabinogi.' Ac roedd o'n hollol gyfarwydd â stori John Evans. Fydden ni byth wedi cael neb gwell ar gyfer y rhan."

Roedd pethau'n dod yn haws wrth i'r wythnos fynd yn ei blaen, ac erbyn y dydd Iau roedd pawb yn hapus. Roedd Elfed yn ei elfen trwy'r

Ymarfer ei sioe olaf, Y Madogwys, yng Nghaerdydd yr wythnos y bu farw.

dydd, a'r cast wedi galw mewn tafarn cyn mynd adre am chwech o'r gloch. Roedd Elfed yn aros yn nhŷ Shân ei chwaer ym Mhontypridd.

"Am ddeg o'r gloch y noson honno," medd Bethan, "mi ffoniodd Gareth Miles i ddweud bod Elfed wedi marw. Fedrwn i ddim credu'r peth. Ofn roeddwn i ei fod o wedi gor-wneud petha. Ond na, medda Shân, roedd o'n canu'r caneuon o gwmpas y tŷ a doedd hi ddim wedi'i weld o mor hapus ers talwm.

"Mi aethon ymlaen efo'r sioe ond doedd y balans ddim cystal heb Elfed. Fo oedd yn rhoi dilysrwydd i'r hen ddiwylliant Cymreig."

Un cysur oedd ei fod wedi marw yng nghanol ei deulu.

"Roedd e'n cyrraedd yma fel corwynt ac yn llenwi'r tŷ," medd Shân. "Ond fe aeth mor sydyn, heb ddweud ffarwél na chael cwtsh."

***

"Dyma'r angladd fwya welodd Pontiêts, os nad Cymru," medd Howard Jones. "Doedd dim lle i barcio, roedden nhw'n cerdded bron ddwy filltir i gyrraedd y capel. A'r peth mwya' teimladwy i mi oedd gweld Indiaid Cochion 'na gyda phlu yn eu gwallt... Pobl gafodd eu gwasgu bron oddi ar y ddaear."

Roedd yn angladd gyda mwy o chwerthin nag o ddagrau. Soniodd y Parchedig F M Jones am gân Americanaidd oedd yn disgrifio pobl fel Elfed i'r dim: 'Marching to another drum'. Dy'n nhw ddim yn cyd-gerdded â phawb arall, mae rhyw rhythm gwahanol yn eu gwaed.

"Nid yr un oedd teiliwr Elfed â phawb arall. Na'i farbwr. A Wil Bryan oedd wedi rhoi cloc iddo, gredwn i."

Ac wrth weld yr holl ffrindiau a theulu, a dim Elfed, nid y gweinidog oedd yr unig un i ofyn, "Tybed ai'n hwyr yn cyrraedd mae e?"